H Scheibenzug
von Frankel
1984

Peter Hahne

Kein Grund zur Resignation

Nachfolge gibt nie auf

Hänssler-Verlag
Neuhausen-Stuttgart

CIP-Kurztitelaufnahme der Deutschen Bibliothek

Hahne, Peter:
Kein Grund zur Resignation: Nachfolge gibt nie auf / Peter Hahne. – Neuhausen-Stuttgart: Hänssler, 1983.
(TELOS-Bücher; 5043: TELOS-Taschenbuch)
NE: GT
ISBN 3-7751-0814-9

TELOS-Taschenbuch 5043

Umschlaggestaltung: Daniel Dolmetsch
Umschlagfoto: Daniel Dolmetsch
Gesamtherstellung: Ebner Ulm

Inhalt

Müde Christen munter machen

Das ist das Ziel dieses Buches. Heute ist viel von Resignation und Frustration unter Christen zu beobachten. Das Glaubensleben erlahmt. Es trägt keine Früchte. Man resigniert: Es hat doch alles keinen Zweck. Müdigkeit macht sich breit. Der erste Schwung nach der Bekehrung ist weg. Die einstmals enge Verbindung zu Jesus Christus ist zu einem Wackelkontakt geworden. Und wo kein Strom ist, da ist auch keine Kraft zum Leuchten. Da strampelt man sich ab. Aktivismus wird groß geschrieben. Aber die Energiereserven sind schnell verbraucht. So zuckt mancher frustriert die Achseln: Es ist doch vergeblich. Es tut sich nichts. Das Zeugnis stößt auf taube Ohren.

Darunter leiden viele Christen. Und Paulus hat recht: »Wollen habe ich wohl, aber vollbringen das Gute finde ich nicht.« Im folgenden wollen wir einige Grundfragen verbindlichen Glaubenslebens behandeln. Denkanstöße sollen es sein. Muntermacher zum verbindlichen Christsein. Schritte zur Mitte, die bei uns persönlich beginnen müssen.

Zur Resignation ist kein Grund. Denn Christen haben eine Kraft, die jede Energiekrise überdauert. Man muß eben nur Verbindung zur Quelle haben. Frustration gibt es auch nicht. Frustra – das lateinische Grundwort – bedeutet: vergeblich. Ein Christenleben mit Ziel Ewigkeit ist aber nie umsonst. Im Gegenteil: die Zielfreude ermuntert und befreit zum intensiven Training. Im Glauben verbindlich leben – das will trainiert sein. Gehen wir gemeinsam an den Start. Reiben wir uns den Schlaf aus den Augen. Müde Christen munter machen. Das will dieses Buch, das aus einem leicht überarbeiteten Vortrag entstanden ist.

Ich widme es in ehrerbietigem Dank zwei väterlichen Seelsorgern und theologischen Lehrern, die mich durch ihr Leben lehrten, was das bedeutet: Glauben heißt verbindlich leben.

Dr. Gerhard Bergmann
† am 20. November 1981 bei einer Evangelisation in Esslingen
und
Pfarrer Paul Deitenbeck
zum 70. Geburtstag am 13. Juli 1982.

Peter Hahne

Sonntags nie – oder: wo Glauben verbindlich wird

Man schreibt das Jahr 1924. Die Welt blickt nach Paris. Dort finden die Olympischen Sommerspiele statt. Es ist ein Donnerstag. Die Teilnehmer am 400-Meter-Lauf warten gespannt auf das Zeichen zum Start. Später einmal wird die renommierte Londoner »Times« schreiben, daß dies der dramatischste Wettlauf war, der jemals ausgetragen wurde.

Die Startpistole ist geladen. Da – es geht los! Die Athleten rasen davon. Jeder nur ein Ziel vor Augen: die Goldmedaille. Noch ist das Feld dicht beieinander. Aber schon bald wird deutlich, daß nur einer diesen Lauf gewinnen kann. Einer läuft allen voran. Den Kopf hochgereckt, den Blick fest nach vorn gerichtet, spurtet er dem Ziel entgegen. Und schon verkünden die Lautsprecher: »Sieger: Eric Lydell in 47,6 Sekunden – neuer Weltrekord!«

Sofort schicken die Telegraphen die Nachricht in alle Welt. Das war eine sensationelle Leistung! Ein neuer Weltrekord! Und gespannt wartet man auf den kommenden Sonntag. Denn man rechnet mit dem sicheren Gewinn des 400-Meter-Olympiasiegers auch bei dem 100-Meter-Lauf, der an diesem Tag ausgetragen werden soll.

Aber welche Überraschung. Das darf doch wohl nicht wahr sein! Der Student weigert sich, an diesem Morgen zu starten. Der zweite Triumph ist ihm bombensicher. Aber Lydell will auf keinen Fall an einem Wettkampf teilnehmen, der an einem Sonntagmorgen stattfindet.

»Dieser Tag ist für mich heilig. Ich bin Christ«, sagt Lydell den erstaunten Journalisten und Sportfunktionären. »Meine Herren, heutzutage ist es gut, eine feste Überzeugung zu haben«, fügt der schottische Student noch hinzu.

Am Sonntag drängt es die Leute in die kleine schottische protestantische Kirche von Paris. Lydell steht als Laienprediger auf der Kanzel. Junge Athleten, Männer und Frauen aus den angelsächsischen Ländern, ja viele Pariser Journalisten füllen neugierig diese kleine Kirche. Während im Stadion der 100-Meter-Lauf entschieden wird, predigt der sichere Goldmedaillengewinner über das Psalmwort: »Öffne mir die Augen, o Herr, daß die Wunder ich sehe an deinem Gesetz« (119,18). Im Jahr darauf geht der Weltrekordmann als Missionar nach China.

Verbindlich heißt: bei Jesus bleiben

Wenn wir von einem verbindlichen Glaubensleben sprechen, so heißt das zunächst immer: bei Jesus bleiben – festgemacht sein an Jesus Christus – verbunden sein mit ihm.

Unser Herr selbst nimmt dazu in seinem Wort Stellung. In der Bibel heißt es aus dem Munde Jesu in Johannes 15,5–8:

»Ich bin der Weinstock, ihr seid die Reben. Wer in mir bleibt und ich in ihm, der bringt viel Frucht; denn ohne mich könnt ihr nichts tun. Wer nicht in mir bleibt, der wird weggeworfen wie eine Rebe und verdorrt, und man sammelt sie und wirft sie ins Feuer, und müssen brennen. Wenn ihr in mir bleibet und meine Worte in euch bleiben, werdet ihr bitten, was ihr wollt, und es wird euch widerfahren. Darin wird mein Vater verherrlicht, daß ihr viel Frucht bringt und werdet meine Jünger.«

Hieraus gilt es zu lernen. Wir wollen uns festmachen bei Jesus. Wir wollen verbindlich leben, indem wir bei Jesus Christus bleiben.

Mit sechs »Gs« möchte ich sagen, was das bedeutet: Glauben heißt: verbindlich leben.

Verbindlich leben, das heißt:

1. Im Glauben bleiben

Das Fundament muß klar sein, auf dem wir leben. Ich glaube doch nicht an ein höheres Wesen, an die Katze auf dem Dach. Ich glaube an Jesus Christus, gekreuzigt, gestorben und begraben; auferstanden von den Toten; sitzend zur Rechten Gottes, weil er zum Himmel aufgefahren ist und wiederkommen wird.

Ich glaube nicht an einen edlen Menschen, der Weises zur Ethik, zum Frieden und zum Umgang miteinander gesagt hat. Ich glaube nicht an den großen Sozialrevolutionär, der dann doch am Ende gescheitert ist. Ich glaube nicht an einen, dessen Ideen und Gedanken nur so weiterleben wie die Gedichte von Goethe und Schiller. Nein! Ich glaube an den barmherzigen Gott, der seinen Sohn auf diese Erde schickte, um uns eine

Brücke zu sich, dem Vater, zu bauen. Er kam, um das Elend dieser Welt selber durchzumachen. Und dabei ging er bis zum äußersten: bis zum Tod am Kreuz. Er starb, damit wir leben können. Der große Denker Albert Einstein konnte sagen: »Ich bin Jude, aber das strahlende Bild des Nazareners hat einen überwältigenden Eindruck auf mich gemacht. Es hat sich keiner so göttlich ausgedrückt wie er. Es gibt wirklich nur eine Stelle in der Welt, wo wir kein Dunkel sehen. Das ist die Person Jesu Christi. In ihm hat sich Gott am deutlichsten vor uns hingestellt.«

Wir glauben an einen Herrn, der alles in den Schatten gestellt hat, was vor ihm gedacht wurde und nach ihm gedacht wird. Er tritt mit einem Absolutheitsanspruch auf, der das Atemberaubendste und Exklusivste ist, was diese Welt je gehört hat. Der sich vor das riesige Forum einer Welt hinstellt und von sich sagt: »Ich bin . . .! Ich bin Wahrheit, Weg und Leben, ich bin Licht und Brot, ich bin der gute Hirte und der rechte Weinstock, ich bin die Tür, ich bin die Auferstehung und das Leben, ich bin . . .« Oder man müßte aus dem griechischen Urtext des Neuen Testamentes genauer übersetzen: Ich bin es ganz allein. Ich bin es! Folglich kann kein anderer diesen Anspruch erheben. Etwas Exklusiveres ist dieser Welt wahrhaftig noch nicht zugemutet worden.

Jesus Christus – Wahrheit oder Wahnsinn?

Da drängt sich doch die Frage auf: Wer ist denn der, der das von sich sagt: Ich bin Gottes Sohn; ich bin die Wahrheit; ich bin der, dem alle Macht gegeben ist im Himmel und auf Erden? Ein Theologe schreibt: »Entweder Jesus war und ist der Sohn Gottes, oder er war ein Verrückter, um nicht noch Schlimmeres zu vermuten. Sie können ihn als Dämon abtun, oder Sie müssen ihm zu Füßen fallen und ihn Herr und Gott nennen. Aber kommen Sie mir bloß nicht mit dem gönnerhaften Unsinn, er sei ein bedeutender Lehrer gewesen.« Ja, es ist tatsächlich so: Entweder das, was Jesus von sich behauptet, stimmt, oder er ist ein Psychopath. Entweder sein ungeheurer Anspruch stimmt, oder er gehört in die Kategorie der Geistesgestörten.

Während meines Studiums arbeitete ich für ein psychologisches Seminar in einer psychiatrischen Universitätsklinik. Dort lernte ich Kranke einer geschlossenen Anstalt kennen. Da sagte einer: »Ich bin Napoleon!« und ein anderer: »Ich bin Bismarck!« Verstehen Sie? Da kommt einer her und behauptet: »Ich bin Gottes Sohn!« Entweder dieser Anspruch stimmt, oder er ist hochgradig geistesgestört. Eines ist nur möglich: Entweder – oder.

Alles andere ist verlogene Haarspalterei. Mit dem Seziermesser an der Bibel herumbasteln und den Anspruch Jesu entschärfen, so wie man einem Tiger die Krallen abschneidet. Entweder das stimmt, daß Jesus von sich sagen kann: Ich bin es und sonst keiner. Oder wir haben es mit dem größten Demagogen zu tun, der je gelebt hat. Mit dem größten Volksverführer und Scharlatan. Und das wäre allerdings kriminell. Dann müßten wir unsere Pfarrer und Prediger heute einsperren, weil sie die Leute mit Lügen verführen. Dann sollten wir schleunigst unsere Kirchen schließen. Dann könnten Sie auch dieses Buch beiseite legen und sich mit Besserem beschäftigen.

Der radikale Anspruch Jesu fordert uns heraus. Er provoziert zur Entscheidung: Wahrheit oder Wahnsinn? Es ist blasierte Ignoranz, sich ein paar passende Worte Jesu herauszusuchen, ohne den Anspruch seiner Person zu akzeptieren. Wenn ein Teil der heutigen »Friedens«-Marschierer sich die Bergpredigt auf ihre Fahnen schreibt, aber den Bergprediger links liegen läßt, dann hat das mit »intellektueller Redlichkeit« nicht mehr viel zu tun. Das ist Dummheit. Vor allem, wenn man die Bergpredigt zum »Hügelsatz« reduziert. Die Radikalisierung der Ethik lehnt man als mittelalterlich ab und reißt die Friedensworte Jesu aus dem Zusammenhang. Jesus ist nur ganz oder gar nicht zu haben. Wenn sein Anspruch, Gottes Sohn und die Wahrheit in Person zu sein, nicht stimmt, dann sind auch seine Worte bloße Phantastereien eines psychopathischen Spinners.

Zufall oder Wirklichkeit?

Es ist erstaunlich, mit welcher Überheblichkeit denkende Menschen heute an der Tatsache vorbeigehen, daß hinter Jesus Christus erfüllte Prophezeiungen stehen. Mit bestechender

Logik formulierte Gerhard Bergmann immer wieder in seinen zahllosen Vorträgen: Durch die neutestamentliche Erfüllung alttestamentlicher Messiasverheißungen bezeugt sich Gott in Jesus Christus als Wahrheit. Damit gibt er uns Bestätigung und Hilfe für die Richtigkeit unseres Glaubens.

Nur einige Punkte möchte ich hier nennen: Rund 700 Jahre vor Jesu Geburt verheißt Gott durch Jesaja (7,14) das Kommen des Messias. Selbst der Geburtsort wird in Micha 5,1 genau lokalisiert. Hosea prophezeit Flucht und Rückkehr aus Ägypten (11,1). Vorhergesagt wird der Kindermord von Bethlehem; Jesu späterer Wohnort Nazareth; der Einzug in Jerusalem. Und mit Jesaja 53 wird die Passion Jesu zu Karfreitag prophezeit. Ja, Gott geht im Alten Testament sogar so weit, daß er zwei Details ankündigt, die Jahrhunderte später Tatsache werden: Die Kriegsknechte werden dem Gekreuzigten nicht die Beine brechen, sondern ihm in die Seite stechen (2 Mo 12,46; Sach 12,10), sein Gewand wird nicht zerteilt, sondern das Los darum geworfen (Ps 22,19).

Sollte die Erfüllung dieser Verheißungen in der Person dieses Jesus Christus reiner Zufall sein? Einbildung? Oder ist es wahr, daß Jesus der von Gott verheißene Messias ist, der Christus? Ich könnte die Zweifler verstehen, wenn nur ein oder zwei Verheißungen des Alten Testamentes in Jesus Christus Wirklichkeit geworden wären. Wenn sich aber eine ganze Kette von Vorhersagen im Leben dieses einen Menschen ereignen, dann kann am Anspruch Jesu, der gesandte Messias zu sein, kein ernsthafter Zweifel mehr bestehen.

Oder man bemüht »Trick 17«: Die ersten Christen haben die Prophezeiungen erst nach dem Tode Jesu in die Bibel hineingeschmuggelt, um ihn als Messias auszuweisen. Genauso, wie sie die Auferstehung erfunden haben, weil ein Gekreuzigter als Herr unattraktiv gewesen wäre. Diese Kritik, oft noch wissenschaftlich, ja theologisch verbrämt, hat mit Intelligenz nichts zu tun. Zwar klingt das heute chic, sich so dem Anspruch der Bibel zu entziehen. Aber es ist nichts als Naivität und Dummheit.

Wer sich mit den Quellen der Bibel beschäftigt, der weiß spätestens nach den Funden der Schriftrollen in den israelischen Qumranhöhlen: Die Messiasverheißungen wurden *vor* Christi Geburt »zu Papier« gebracht. Hans Iwand, der verstorbene Bonner Theologieprofessor, hat recht: »Das Wort geht voraus, das Ereignis folgt als Bestätigung der Treue Gottes.«

Und was die Auferstehung Jesu angeht, da lohnt sich ein Blick in die Literatur führender Historiker. Hugo Staudinger, Geschichtsprofessor in Paderborn, nennt die Auferstehung »ohne jeden Zweifel historisch glaubwürdig«. Der Tübinger Graecist Professor Wolfgang Schadewaldt, dem wir die Übersetzung der großen griechischen Klassiker verdanken, konnte sagen: »Der biblische Bericht von der Auferstehung Jesu Christi ist das bestbezeugteste Ereignis der ganzen Antike.«

Damit wir uns nicht mißverstehen: Mein Glaube hängt nicht an den Handschriften von Qumran oder den Stimmen ernstzunehmender Wissenschaftler. Aber ich bin es leid, daß sich diejenigen als klug, kritisch und intellektuell-wach ausgeben können, die die biblischen Tatsachen als Märchen abtun. Der Glaubende hat die Tatsachen auf seiner Seite! Paul Deitenbeck hat recht, wenn er das Neue Testament das »apostolische Tatsachen-Evangelium« nennt. Wenn Jesus die Wahrheit und auf sein Wort Verlaß ist, dann wird auch ehrliches, vorurteilsfrei-kritisches Denken nicht daran vorbeikommen, daß dieser Jesus kein Größenwahnsinniger und die Erfüllung der Verheißungen kein Zufall ist.

Zweifel oder Dummheit?

Einen Zweifler und Kritiker kann man nur dann ernst nehmen, wenn er es wiederum auch ernst meint. Und das heißt immer, daß er offen ist für Beweise, die seinen Zweifel widerlegen. Ja, daß er sogar froh ist, seinen Zweifel loszuwerden. Oft habe ich bei Gesprächen allerdings den Eindruck, daß der Kritiker geradezu Angst hat, die Bibel könnte doch recht haben. Denn dann lebten ja die in der Wahrheit, die er bisher spöttisch als Ewig-Vorgestrige und Jesus-Fanatiker abgetan hat . . .

Hermann Bezzel, der große bayerische Landesbischof, schrieb schon Ende des vorigen Jahrhunderts sehr treffend: »Zweifel entstehen nie aus Gründlichkeit, sondern aus Ungründlichkeit. Alle diese Willens-, Schwachheits- und Verstandeszweifel, und wie sie alle heißen, erwachsen in der Seele, die es nicht genau mit dem Wort nimmt . . . Zweifel sind immer ein Zeichen der Oberflächlichkeit. Und es ist ein Kunststück des

Teufels, daß er uns glauben macht, Zweifler seien immer die allertiefst denkenden und verständnisvollsten Menschen. Man könnte fast sagen: das Gegenteil ist der Fall! Fragt einmal einen Zweifler, was er von der Bibel weiß. Fragt die großen Gegner der Heiligen Schrift, was sie eigentlich von der Bibel gelesen haben. Man wird erschrecken, wieviel geringe Kenntnis sich mit ihrem Zweifel verbindet und vermählt.«

Dann ist Zweifel jedoch Dummheit und Kritik nichts anderes als Flucht vor der Wahrheit!

Glaube als Begegnung

Der Glaube des Christen ist weder Nichtwissen noch Wunschbild. Und doch geistert der Satz von Ludwig Feuerbach, der in den Sockel seines Denkmals in Nürnberg eingemeißelt ist, durch viele Köpfe: »Der Mensch schuf Gott nach seinem Bilde.« Ist unser Glaube also eine Illusion, ein Phantasieprodukt? Nein! Unser Glaube hat es mit einer Person zu tun: Jesus Christus. In ihm kann man der Wahrheit Gottes begegnen. Und wer diesem Jesus begegnet ist, der weiß: Mein Glaube ist keine Meinung, sondern Gewißheit und Zuversicht. Glaube ist keine Einbildung, sondern erfahrbare Wirklichkeit. Ich möchte ein Wort des großen jüdischen Religionsphilosophen Martin Buber abwandeln und meinen: Das Wesentliche im Leben ist die Begegnung mit Jesus Christus.

In seinem Büchlein »Was heißt eigentlich: Ich glaube?« schreibt Gerhard Bergmann sehr einleuchtend: »Weil Jesus Christus kein Phantasieprodukt ist, darum auch nicht der Glaube an ihn. Weil Jesus Christus unerfindbar ist, darum auch der Glaube an ihn. Weil das Kreuz von Golgatha keine Einbildung, sondern Geschehnis ist, darum ist auch mein Glaube an den Gekreuzigten keine Einbildung. In der Tatsache der geschichtlichen Realität Jesu liegt der tiefste Grund meines Glaubens an ihn. Ohne Jesus Christus wäre der Glaube nur Mythos, nur Lehre, nur menschliches Phantasieerzeugnis. Aber weil Gott in Jesus Christus das Schweigen der Ewigkeit gebrochen hat, ist der Glaube an ihn die Antwort auf das tiefe Sehnsuchtsfragen der Menschheit . . . Glauben an diesen Jesus Christus ist eines Menschen beste und notwendigste Tat. An ihn glauben heißt, sich die Ewigkeit in die Zeit hineinholen. Wer es mit diesem Jesus wagt, dem ist die Sonne aufgegangen, die niemals mehr untergeht. Aber auch das Umgekehrte gilt: Wer es nicht mit ihm wagt, bleibt im Dunkel der Nacht. Denn Jesus sagt: ›Ich bin das Licht der Welt‹« (S. 18 f).

Ja, darauf wird es ankommen: bereit zu sein, seinem Gott zu begegnen; Glauben in der Begegnung mit Jesus Christus zu erfahren. Und dann dabei bleiben. Im Glauben bleiben, das heißt: an den glauben, der alles in allem ist. Gottes Sohn, Wahrheit, Leben, Brot und Licht. Bei Jesus bleiben, das heißt: an den glauben, der für unsere Sünden am Kreuz gestorben ist; der auferstand, damit wir leben können und frei sind. Wir glauben nicht an Ideen. Wir glauben nicht an Gefühle. Auch nicht an Visionen und Träume.

Gefühl oder Gewißheit?

Hier liegt in unseren Tagen eine große Gefahr. In einer Zeit, wo kalter Intellektualismus und nüchterne Rationalität das Emotionale verdrängen, sehnt man sich nach gefühlsmäßigem Erleben. Die Nostalgiewelle ist ein Zeichen dafür. So ist für viele ihr Glaube eine reine Gefühlsangelegenheit. Man läßt sich in einen Rausch hineinjubeln, dem dann allzuoft ernüchternd der »Kater« folgt. Himmelhochjauchzend – zu Tode betrübt.

Dietrich Bonhoeffer weist schon in seinem grundlegenden Werk »Gemeinsames Leben« darauf hin, daß sich dieses »seelische Moment« besonders auf Freizeiten ausbreitet. »Nichts ist leichter, als den Rausch der Gemeinschaft in wenigen Tagen gemeinsamen Lebens zu erwecken, und nichts ist verhängnisvoller für die gesunde, nüchterne brüderliche Lebensgemeinschaft im Alltag.« Im Blick auf die Bruderschaft stellt Bonhoeffer fest: »Im Glauben sind wir verbunden, nicht in der Erfahrung.«

Und dieser Glaube ist mehr als bloßes Gefühl. Der Glaube lebt von seinem Gegenstand: der Person Jesus Christus. Dieses Glaubens kann, ja muß man sich gewiß sein. So wie wir es singen. »Ich *weiß,* woran ich glaube . . .«

Das ist wohl das unausrottbarste Mißverständnis aller Zeiten, daß Glauben und Denken dauernd gegeneinander ausgespielt werden. Herbert Marcuse, marxistischer Vordenker einer irregeleiteten Generation, formuliert: »Denken ist Anstrengung – Glauben ist Komfort.« Kein Wunder, daß so viele Marxisten innerlich erfrieren. Daß selbst Ernst Bloch sich genötigt sieht, dem Kältestrom der Ideologie sein »Prinzip Hoffnung« gegenüberzustellen. Doch das ist viel zu wenig! Wer kann denn schon mit einem »Prinzip« selig sterben?! Es ist schlichtweg naiv, den Glauben als Komfort zu bezeichnen und alle Trümpfe auf das Denken zu setzen. Spätestens in den Grenzsituationen des Lebens wird man merken, wie arm man auch bei reichstem Verstand ist!

Es ist diese Gewißheit des Glaubens, die Christen noch in der Todesstunde getrost sein läßt. Da stehen mir die Märtyrer des Dritten Reiches vor Augen: Helmut James Graf von Moltke oder Dietrich Bonhoeffer. Sie hatten angesichts ihrer Henker wahrhaftig kein gutes Gefühl mehr. Sie hatten die Gewißheit: Jenseits der Todesgrenze wartet die ewige Herrlichkeit. Deshalb konnte Moltke als 37jähriger an seine junge Frau schreiben: »Jetzt kann alles nur noch schöner werden.« Oder Bonhoeffer diese tiefen Zeilen dichten, die seitdem um die Welt gehen:

»Von guten Mächten wunderbar geborgen,
erwarten wir getrost was kommen mag.
Gott ist bei uns am Abend und am Morgen
und ganz gewiß an jedem neuen Tag.«

Da ist eine junge Frau auf der Fahrt. Sehnsüchtig erwartet sie das Ende ihrer langen Schiffsreise. Am Kai wird sie ihr Verlobter empfangen, der als Missionar arbeitet. Bald schon soll Hochzeit sein. Doch als das Schiff in den Hafen einfährt, findet sie ihn nirgends. Statt dessen führen sie einige Mitarbeiter der Missionsstation auf den Friedhof. Dort steht diese junge Frau dann an einem frischen Grabhügel. Und das Kreuz trägt den Namen ihres Verlobten. Genau in solchen Grenzsituationen zeigt sich, auf welchem Grund das Leben aufgebaut ist. Denn sie, Julie Hausmann, hat eine tiefe Glaubensgewißheit. Mehr als Gefühl und Erfahrung. Sie weiß, wem sie sich jetzt anvertrauen kann. Wem sie sich »geloben« kann; denn das ist ja die Grundbedeutung des Glaubens. So dichtet sie ein Lied, das seitdem Millionen in schweren Stunden getröstet hat: »So nimm denn meine Hände . . .« Dort heißt es:

»Wenn ich auch gleich nichts fühle
von deiner Macht,
du führst mich doch zum Ziele
auch durch die Nacht.«

Der Glaubende setzt sein Vertrauen auf Jesus Christus. Unser Glaube ist ein Personglaube. Kein Bauen auf Gefühle und kein bloßes Fürwahrhalten einer Lehre. Gefühle sind keine Gradmesser für den Glauben. Glauben heißt: Ich *vertraue* mich Jesus Christus an und *weiß,* daß diese Lebensverbindung auch dann trägt, wenn ich nichts mehr fühle.

Wir glauben an den Gott der Bibel. Denn alles, was zu glauben ist, das wissen wir aus der Bibel. Und das ist das zweite »G«.

Verbindlich im Glauben leben heißt:

2. In Gottes Wort bleiben

»Wenn ihr in mir bleibet und meine Worte in euch bleiben« – so sagt es uns Jesus in Johannes 15,7. Dies müssen wir festhalten: Unser Glaube baut nicht auf Gefühlen und auch nicht auf frommen Erlebnissen. Er basiert nicht auf privaten visionären Offenbarungen. Unser Glaube baut allein auf den Tatsachen der Bibel. Hier sagt uns Gott, was er von uns will. Hier zeigt uns Jesus, was er für uns getan hat. Wir brauchen keine intellektuellen Minderwertigkeitskomplexe zu haben, als könnten wir uns heute mit Jesus Christus und seinem Wort nicht mehr sehen lassen.

»Heute ist nicht mehr die Zeit des Christentums – heute ist die Zeit der Ideologien«, sagte mir unlängst einmal jemand. Da kann ich nur lachen! Ich muß mich fragen: Hat sich denn der ganze Marxismus nicht schon längst als Irrtum erwiesen? Ist denn das ganze wissenschaftliche Getue um den Marxismus nicht ein Lorbeerkranz der Verlogenheit? Die einzige Herausforderung heute ist die Botschaft von Jesus Christus – die Wahrheit der Bibel. Blicken wir nach Polen! Sehen und erleben wir den geistlichen Aufbruch bei der Jugend im anderen Teil

Deutschlands! Bei der Verabschiedung von Staatssekretär Klaus Bölling als »Ständiger Vertreter der Bundesrepublik Deutschland bei der DDR« sagte mir ein hoher Beamter in Ost-Berlin: »Hier regiert bei den jungen Leuten schon längst der ›Herr Lustlos‹. Die wissen doch, daß es sich mit der kommunistischen Idee nicht leben läßt.«

Deshalb kann, ja muß man Christen verfolgen und sie in Irrenanstalten und Arbeitslager sperren. Nicht, weil sie gute Werke tun oder sich anständig verhalten, sondern weil sie mit einer unglaublichen Kraft in diese Welt hineintreten und sagen: Unser Herr ist die Wahrheit. Er ist alles in allem.

Achtung! Dynamit!

Christen leiden, auch bei uns im Westen, weil sie Dynamit haben. Dynamit im doppelten Sinne. Die Bibel ist Sprengstoff wie das Dynamit von Alfred Nobel. Die Bibel sprengt unsere selbstgelegten Lebensfundamente mit einem Schlag weg. Die Bibel zerreißt unsere heuchlerischen Masken. Sie ist wie ein Bombeneinschlag in das verlogene Glück unseres Lebens. Dynamit – Sprengstoff. Und Dynamis – Kraft, Energie. Wer bei Jesus und in seinen Worten bleibt, der bekommt eine Kraft, die selbst dem schärfsten Verfechter einer Ideologie die Haare zu Berge stehen läßt.

In einem sowjetischen Lexikon heißt es unter dem Stichwort »Bibel«: »Ein unwissenschaftliches Buch voller Märchen und Legenden, mit dem die Kirche im Westen die Menschen unterdrückt.« Wenn das stimmt, dann frage ich mich allerdings, warum man denn solche Angst hat vor den Jüngern dieses Herrn? Da frage ich mich, warum man um den ganzen Erdball herum solche Angst hat vor der Bibel. Wenn das doch nur unwissenschaftliche Märchen sind . . .

Warum man dann nicht die Bibel zur Pflichtlektüre jedes Menschen macht, um ihn endlich einmal darüber aufzuklären, wie schrecklich verlogen und autoritär doch dieses Buch ist; wie es die Leute in ihrem Denken und ihrem Handeln knebelt. Warum nicht? Warum statt dessen Verbieten der Bibel im Osten und Verstauben der Bibel im Westen?

Ich kann Ihnen sagen warum: Weil jeder Mensch, der sich

einmal mit dem Wort Gottes beschäftigt hat, merkt, daß dahinter eine lebendige Kraft steckt. Eine Kraft, die das eigene Leben und auch die Zustände in der Welt verändern will. Das ist wahrlich Dynamit!

Kürzlich las ich einen interessanten Artikel aus der Feder des britischen Thronfolgers Prinz Charles. Thema: »Daran glaube ich.« Er schreibt, daß Gottes Macht stärker ist als alles andere. Unter Berufung auf Alexander Solschenizyn meint Prinz Charles dann: »Die Christen repräsentieren in der UdSSR eine wirkliche Macht, denn sie entziehen dem totalitären System die Basis.«

In der Tschechoslowakei wurden unlängst mehrere Priester und Laien zu langen Haftstrafen verurteilt. Die Begründung lautete offiziell und lapidar: »Wer Kinder beten lehrt, religiöse Literatur verbreitet oder im privaten Kreis Gottesdienst feiert, macht sich eines Verbrechens schuldig.« Warum diese Angst vor Bibel und Gebet? Man merkt, daß die Freiheit des Evangeliums der Diktatur der Ideologie weit überlegen ist! Das, was Jesus Christus uns zu bieten hat, das hat die großen Programme der Menschheitsgeschichte längst in den Schatten gestellt. Ob das Marxismus ist, Kapitalismus, Humanismus, Liberalismus oder irgendeine Religion. Dieser exklusive Anspruch Jesu Christi hat bisher alles in den Schatten gestellt.

Von Klugen und Dummen . . .

Wir können uns mit unserem Herrn sehen lassen. Gerade in den geistigen Auseinandersetzungen unserer Zeit. Denn unser Herr ist die Wahrheit. Sein Wort ist die Wahrheit. Wer nach dieser Wahrheit sucht, der ist ein kluger Mensch. Da ist die alte Oma – darf ich das einmal so deutlich ausdrücken? –, die in der Bibel liest und die an das Wort Gottes glaubt, für mich ein denkender Mensch. Und wenn sie auch keine Hochschulbildung hat, kein Abitur, kein Gymnasium und keine Welterfahrung. Das ist ein kluger Mensch.

Dumm ist die ganze aufgeblasene Pseudointelligenz, die nach ein paar Jahren Gymnasium meint, uns spöttisch lächelnd in die Mottenkiste des Mittelalters stecken zu können. Christen, die bei Jesus bleiben, das sind progressive Leute. Und nach denen sucht man heute. Das sind Leute, die sich herausfordern lassen. Die bereit sind, nachzudenken, Neues zu denken und dann auch umzudenken. Die sich provozieren lassen von der Wahrheit des Evangeliums. Reaktionäre Spießbürger dagegen sind die, die sich auf dem Plüschsofa ihrer selbstgesetzten Weltanschauung räkeln und dauernd Angst haben, sich von der Bibel herausfordern zu lassen. Leute, die bei Jesus bleiben – verbindlich im Glauben –, die haben keinen Grund, sich zu verstecken und den Kopf einzuziehen. Im Gegenteil!

Christen sind Führungskräfte

Als ich einmal von Amerika wieder nach Hause flog, wurde unsere kleine Delegation auf dem New Yorker Flughafen in einen besonders schönen Warteraum geführt. »VIP« stand in großen Lettern an der Tür zum Salon. Das heißt »very important person«. Hierzu gehören Leute, die von öffentlicher Bedeutung sind. Ich mußte denken: Eigentlich gehören alle Christen zu dieser Kategorie »VIP«. Denn Christen sind Führungskräfte: weil sie aus der Wahrheit der Bibel leben, weil sie ein Ziel haben und damit auch einen Weg wissen.

Der Philosoph und Naturwissenschaftler Carl Friedrich von Weizsäcker, einer der großen Denker unserer Zeit, schreibt: »Die Christen bewahren die einzige Wahrheit, die tiefer reicht als die Wahrheit der Wissenschaft, auf der das Atomzeitalter beruht. Sie bewahren ein Wissen vom Menschen, das tiefer wurzelt als die Rationalität der Neuzeit. Der Augenblick kommt immer wieder unweigerlich, in dem man, wenn das Planen scheitert, nach dieser Wahrheit fragt.« Auf Christen kann die Welt also nicht verzichten. Das ist kein Hochmut, das ist biblischer Realismus. Christen sind Leute, die gesandt sind, vom Tod ins Leben zu führen. Nicht aus eigener Kraft, sondern durch die Botschaft des Evangeliums. Nicht zu sich selbst, sondern zu Jesus Christus.

Lassen Sie sich das sagen: Sie sind wer! Sie sind eine Führungskraft, vergessen Sie das nicht! Denn uns Christen gehört doch alles! Paul Deitenbeck war es, der dies den über 50 000 Gemeindetagsbesuchern 1978 bei der Schlußkundgebung in Stuttgart zurief: »Uns gehört alles – weil wir Christus gehören!« Und er fuhr fort: »Nehmen wir nicht den Mund zu voll, wenn wir so etwas behaupten? Hat Paulus nicht sein Konto überzogen bei der Aussage: Uns gehört alles? Nein! Denn wer Christi Eigentum ist, ist Miteigentümer in der großen Schöpferwerkstatt Gottes.« Das darf einem das Haupt erheben: Wir sind wer. Frei von Minderwertigkeitskomplexen, aber auch von dem Hochmut der Selbstüberschätzung. Paul Deitenbeck schloß damals seine Ansprache im Tal der Rosen: »Was sind wir für reiche Leute als Angehörige Jesu Christi. Wir brauchen nicht als verkrampfte Halbengel erscheinen, sondern dürfen dankbar Gottes Gaben in Gebrauch nehmen.«

Bleiben an Gottes Wort – das ist der schottische Student bei der Pariser Olympiade, der den Feiertag heiligt. Das ist die Krankenschwester, die sich am legalisierten Massenmord an ungeborenem Leben nicht beteiligt. Denn das ist die Kardinalfrage unserer Zeit: Woher nehmen wir unsere Maßstäbe?

Maßstäbe gesucht!

Wer setzt die Werte? Wer sagt, was gültig ist? Ist das, was heute vom Sozialismus bedingungslos propagiert wird, unsere Sache? Da heißt es: Die Grundwerte setzt sich die Gesellschaft selber. Welch törichter Irrtum! Ich kann doch mit meinem Schiff nicht nach einer Orientierungsmarke segeln, die ich mir selbst an den Bug genagelt habe.

Nein! Die Grundwerte setzt Gott in seinem Wort. Aber wir stimmen ja bereits ab: Mehrheit gleich Wahrheit, so lautet die Gleichung. Und das möglichst noch über das delphische Orakel demoskopischer Umfragen. Die Grundwerte jedoch setzt nicht der Mensch. Wie sollte er das auch können? Eugène Ionesco, der in Paris lebende rumänische Dramatiker von Weltrang, schreibt: »Es ist kein Widerspruch, wenn ich sage, daß die Jugend orientierungslos zwischen dem Wunsch nach freier Entfaltung aller Begierden und dem Wunsch nach Unterwerfung unter eine unverrückbare Ordnung hin- und herschwankt. Wir wissen nicht, was wir wollen.« Orientierungslosigkeit aber bedeutet Fahrt in die Irre. Haltlosigkeit läßt hilflos in den Abgrund stürzen. Die Konsequenzen wird unsere Generation noch zu spüren bekommen. Der Schriftsteller Wolfgang Borchert beklagt: »Wir sind die Generation ohne Bindung und ohne Tiefe. Unsere Tiefe ist der Abgrund. Wir sind die Generation ohne Grenze, ohne Hemmung und Behütung. Wir sind die Generation ohne Gott.«

Grundwerte kann sich der Mensch nicht selber geben. Die setzt Gott. Das war doch die Katastrophe des »Dritten Reiches«, daß ein brutaler Diktator Grundwerte außer Kraft gesetzt und neue proklamiert hat. Er – ein Mensch. Heute stimmt man darüber ab, ob man ungeborenes Leben zum Töten freigeben darf oder nicht. Unverhohlen diskutiert man inzwischen auch die Frage der Euthanasie; und hat dann noch die Stirn, das euphemistisch »Sterbehilfe« zu nennen. Die sozialistische schwedische Gesundheitsministerin verstieg sich sogar in den Satz: »Das Sterben wird der Gesellschaft zu teuer.«

Es ist zum Weinen, wenn eine Frau eine deutsche Klinik auf 90 Millionen Mark Schadenersatz verklagt, weil sie trotz Abtreibung ein Kind bekam. Die Europäische Ärzteaktion rechnet mit rund 250 000 Abtreibungen pro Jahr in unserem Land, davon fast 80 Prozent aus sozialen Gründen. Und das in einem Wohlstandsland ersten Ranges. Die renommierte amerikanische Harvard-Universität hat im Auftrag von Präsident Reagan eine Studie erarbeitet, deren Ergebnis einen erschaudern läßt: Jährlich werden weltweit 40 bis 60 Millionen Ungeborene abgetrieben. Ein makabres Produkt unserer Wegwerfgesellschaft!

Wenn man folgendes verstehen will, braucht man schon harte Nerven. Da schreibt der Vater einer Frau, die die familien- und gesundheitspolitischen Richtlinien der Bundesrepublik Deutschland bestimmt: »70 Jahre später hielt meine Tochter Anke als Abgeordnete in der Hamburger Bürgerschaft eine glasklare und daher sehr eindrucksvolle Rede für die ›Pille‹ und für die Fristenlösung bei Schwangerschaftsabbruch. Ich gratulierte ihr, sagte aber auch, daß ich nicht leben würde, wenn 1902 eine Verhinderung von Geburten möglich gewesen wäre. ›Und dies wäre doch schade für dich und für mich‹, sagte ich. ›Wir haben im Leben so viel Schönes erlebt. Es wäre traurig, nicht zur Welt gekommen zu sein‹, sagte ich ihr. Antwort: ›Aber Papi, wenn wir nicht geboren worden wären, könnten wir doch auch nicht traurig sein . . .‹ – Stimmt ja auch.« So Paul Nevermann, der Vater der ehemaligen Bundesministerin für Jugend, Familie und Gesundheit, Anke Fuchs, 1972 in seinen Memoiren zur Ansicht seiner damals 35jährigen Tochter zu Pille und Abtreibung. Schizophren scheint mir übrigens auch, wenn heute führende Vertreter der sogenannten Friedensbewegung für die Fristenlösung eintreten. Man kann doch nicht das Töten im Krieg ächten und ungeborenes Leben zum Mord freigeben!

Da gibt man für die Abtreibung soziale Gründe an und lebt in einem Land, in dem der Wohlstand schönste Blüten treibt. Einem Land, in dem alles vorhanden ist und wo das Geld für Alkohol, Nikotin und Luxusgüter nur so verpraßt wird. Es ist allerdings ein Land, das der große Nobelpreisträger und Atomphysiker Werner Heisenberg mit einem Schiff vergleicht, auf dem alles vorhanden ist. Nur eines – und zwar das Entscheidende – fehlt: der Kompaß, die Orientierungsmarke.

Die Alternative »ein neues Auto oder ein weiteres Kind« ist ein Rückfall in die Fatalistenkultur der Steinzeit. Hier hat sich eine antichristliche Bewegung in Gang gesetzt, die Gottes Wort mit Füßen tritt. Da ist ein Staat dabei, Normen außer Kraft zu setzen, die nicht er selbst, sondern Gott gegeben hat. Fast möchte man im Blick auf unsere Zukunft mit dem Sprichwort sagen: Wer nicht hören will, muß fühlen. Ludek Pachman, Schachgroßmeister und einer der Führer des Prager Frühlings, schreibt: »Der Versuch, Gott aus unserem Leben zu verbannen, endete noch immer mit einer Tragödie.«

Welche ideologische Strategie hinter dieser Entwicklung steht, wird von vielen gar nicht gesehen oder nur gutwillig verharmlost. Die sowjetische Gewerkschaftszeitung »Trud« schreibt: »Die weitere Liberalisierung im Sittenstrafrecht bedeutet für Deutschland das Ende als Kulturnation.« Und wie man das fertigbringt, hat der kommunistische Führer Lenin längst vorhergesagt: »Wenn wir eine Nation vernichten wollen, so müssen wir zuerst ihre Moral vernichten. Dann wird uns die Nation wie eine reife Frucht in den Schoß fallen.«

Bleiben an Gottes Wort – das tun verbindliche Christen deshalb, weil Gott selber uns hier seine Maßstäbe setzt. Und die brauchen wir so nötig. Unvorstellbar: pulsierender Straßenverkehr einer Großstadt ohne Regeln, ohne Ampeln, ohne Hinweisschilder. Nur wir meinen, wir bekämen unser Leben auch ohne Hilfen und Normen hin. Es ist ein mörderisches Vorurteil, das auch durch pausenloses Wiederholen nicht richtiger wird: Gottes Gebote und die Normen der Bibel wollen uns nur einengen, uns die Freude vermiesen, unser Leben in Fesseln legen. Das Gegenteil ist der Fall.

Gottes Gebote wollen uns Leitplanken sein auf der Straße unseres Lebens. Sie sind die großen Freiheiten, die uns lebensgemäß leiten bis zum großen Ziel. Gottes Maßstäbe wollen nicht Vernichtung, sondern die Erhaltung von Leben und Schöpfung. Am Schluß der Wiederholung der Zehn Gebote heißt es im Fünften Mosebuch 5,30: »Wandelt in allen Wegen, die euch der Herr, euer Gott geboten hat, auf daß ihr leben möget und es euch wohlgehe . . .« Es ist wahrhaftig an der Zeit, einmal darüber nachzudenken, wie es auf unserer Erde aussähe, wenn alle sich an die Gebote Gottes halten würden. Man kann aber nun nicht daherkommen und Gottes Wort als »Sittenkodex« für die Welt gutheißen – im Sinne z. B. der heutigen »Friedensbewegung« –, seine Gültigkeit für das eigene Leben jedoch ablehnen. Diese Schizophrenie ist eine weitverbreitete Krankheit bis in christliche Kreise hinein.

Als Christ höre ich auf, mein eigener Herr sein zu wollen. Ich setze mein Vertrauen auf Gott und hole meine Maßstäbe aus seinem Wort. Wer Gottes befreiendes und rettendes Handeln in seinem Leben erfahren hat, der läßt seine Gebote für sich bestimmend werden. Das bedeutet Abschied von Modetheorien namens Selbstbestimmung und Selbstverwirklichung. Ich erkenne Gottes Maßstäbe für mein Leben an, weil ich weiß, daß Gott mich besser kennt als ich mich selbst und er es gut mit mir meint.

Gottes Gebote sind die Gebrauchsanweisung für mein Leben. Wenn ich ein kompliziertes technisches Gerät zusammenbauen und in Gang setzen will, benötige ich auch nicht die guten Ratschläge hilfsbereiter Zeitgenossen, sondern die Bedienungsanleitung des Herstellers. Warum maßt es sich der Mensch eigentlich an, ohne die Anweisung seines Schöpfers leben zu können?!

Deshalb sollten wir als Christen in den ethischen Auseinandersetzungen in unserem Land mutig aufstehen und bekennen: Wir bleiben an Gottes Wort. Und wenn die Frage gestellt wird: Was gilt denn eigentlich?, dann sagen wir: Wir bleiben bei Jesus

Christus, der einer orientierungslosen und autonomistischen Welt sagt, was Wahrheit ist.

Mutig die Maßstäbe Gottes proklamieren, das heißt: verbindlich im Glauben leben.

Damit wir leben können

Der Chef eines der bedeutendsten deutschen Modehäuser erwischt eine Ladendiebin. »Keine Angst, ich zeige Sie nicht an – aber lesen Sie sich bitte mal das Neue Testament durch. Mir hat's geholfen; vielleicht hilft es auch Ihnen.« Harro Mühlhäuser, dessen renommiertes Geschäft in den Arkaden des Münchner Rathauses liegt, hat seit 1974 rund 40 000 Bibeln verschenkt. Jährlich gibt er dafür 80 000 Mark aus. »Wer in der Bibel liest«, so der Textilkaufmann, »dem wird geholfen.«

Vor dem dramatischen Eishockey-Endspiel Mannheim gegen Rosenheim am 12. März 1982 stellt eine große deutsche Tageszeitung die beiden Mannschaften vor. In dem Artikel ist nur ein Bild. Es zeigt einen Spieler mit einem aufgeschlagenen Buch in der Hand. Unterzeile: »Rosenheims Torwart Karl Friesen ist ein frommer Mann. Er liest jeden Tag in der Bibel.« Daß dieser Karl Friesen zur Weltklasse gehört, bestätigt der Fernsehreporter einen Monat später. Nach dem 0:7 der deutschen Nationalmannschaft gegen die Sowjetunion bei der Eishockey-WM in Finnland urteilt er: »Friesens geradezu übermenschlicher Einsatz hat ein zweistelliges Ergebnis verhindert.« Und wieder schreibt die Zeitung: »Die Bibel hat er öfter in der Hand als den Eishockey-Schläger. Torwart Friesen (23), unser bester Mann bei der WM, ist ein frommer Mann. Im Mannschaftshotel hat er ein Einzelzimmer bekommen, weil er täglich mehrere Stunden in der Bibel liest.«

Mit der Bibel kann man leben. Es ist keine fromme Pflichtübung, täglich seine Bibellese »absitzen« zu müssen. Obwohl es sicher gut ist, sich eine Ordnung zu geben. Denn für die Zeiten, wo man einmal »keine Lust hat«, ist eine feste Regel hilfreich. Ein Christ liest die Bibel nicht, weil er es muß, sondern weil er ohne Gottes Wort nicht leben kann.

Welcher junge Mann kennt das nicht . . . Da liegt ein Riesenstapel Post im Briefkasten. Man holt sie heraus und beginnt zu öffnen und zu lesen. Nein, halt! Man erwartet ja einen ganz bestimmten Brief. Also sieht man die Post erst einmal durch und registriert die Absender. Katalog von Nekkermann, Telefonrechnung, Kontoauszüge, Einladung zur Werbekaffeefahrt mit »Onkel Lou« . . . – und dann ist er endlich gefunden, jener zartrosa duftende, mit Sondermarke frankierte Brief mit der vertrauten Handschrift . . . Keiner käme auf die Idee, nun zunächst den Versandhauskatalog durchzublättern! Nur Gottes Wort – das seinen Absender und seine Handschrift trägt – behandeln wir, als könne es bis zuletzt warten.

Die Bibel ist Gottes Liebesbrief an uns. Hier schreibt er mit eigener Handschrift, was er für uns getan hat und noch tun will. Hier teilt er uns seinen Willen mit, damit wir leben können. Gottes Liebesbrief an uns – den will ich auf keinen Fall liegenlassen, sondern zuallererst lesen. Mit seinem Wort an mich starte ich in den Tag. Hier gibt es gültige Orientierung, Kraft zum Durchhalten und Energie zum Leben.

Gott mutet uns nicht zu, ein »second-hand-Christsein« zu leben. Daß wir alles aus zweiter Hand erfahren. Sei es von Predigern und Pastoren oder von den berühmten wohlmeinenden Zeitgenossen. Gott schreibt uns selber, ganz exklusiv. Seine Handschrift verrät: Ich liebe dich, deshalb lies mein Wort an dich. Und der Absender garantiert, daß dort die Wahrheit zu finden ist. Denn Jesus Christus selber ist ja die Wahrheit. Im Glauben verbindlich leben, das heißt: bleiben an diesem Wort.

Termin mit Gott

Wer einmal mit der Berliner U-Bahn fährt, dem wird neben den vielen bunten Reklamewänden dieses eine Plakat ins Auge fallen. Ich freue mich jedesmal, wenn ich in einem Zug sitze, in dem es hängt. Ganze fünf Worte stehen darauf: »Nimm und lies: die Bibel.« So kam schon der spätere Kirchenvater Augustin zum Glauben an Gott: »Tolle, lege!« – »Nimm und lies!« Wir brauchen die tägliche Begegnung mit Gott. Und die geschieht durch sein Wort. Dafür sollte man eine feste Zeit einplanen. Möglichst morgens, bevor man in den Tag startet. Denn Gottes Wort will unser Tagesbefehl sein. Unsere Parole und Ration, mit der wir leben können.

Wir aber stimmen oft in das weitverbreitetste Klagelied dieser Welt ein: »Wir haben keine Zeit!« Das ist das Glaubensbekenntnis des modernen Heidentums. Denn wer die Ewigkeit verloren hat, dem fehlt auch die Zeit. Wer von der Ewigkeit nichts weiß, der muß die knappe Spanne seiner Jahre mit hängender Zunge verhetzen, daß er nur ja herausholt, was eben herauszuholen ist. Es ist ein Zeichen von Gottlosigkeit, keine Zeit zu haben. Wer die Ewigkeit hat, der hat auch Zeit.

»Kauft die Zeit aus!« mahnt Paulus. Wir wollen unsere Zeit als etwas Wertvolles behandeln. Als Chance, als Gnadenzeit. Deshalb wollen wir sie mit Leben füllen und nicht totschlagen. Wir wollen unsere Zeit nicht verschwenden, sondern verschenken, und zwar an den Geber: Gott. Ihm und seinem Wort wollen wir viel Zeit schenken.

Wer viel zu tun hat in Alltag und Beruf, der sollte auf jeden Fall einen geordneten Terminkalender führen. Obenan sollte der wichtigste Eintrag stehen: mein Termin mit Gott. Und auf den will ich mich jeden Tag freuen. Gott nimmt sich viel Zeit für mich. Sollte ich da geizig sein?

Der Christ hat »Lust am Gesetz des Herrn«, heißt es in Psalm 1,2. Die lateinische Bibelübersetzung, die Vulgata, schreibt dafür: delectare. Von diesem Verb kommt unser bekanntes Wort »Delikatesse«. Die Stille Zeit, das Lesen in der Bibel, ist für mich also eine Delikatesse. Und die will ich auf keinen Fall verpassen.

Hermann Dietzfelbinger, der langjährige Ratsvorsitzende der EKD, schreibt: »Es ist ein großer Unterschied, ob man den Tag als ein selbst Planender oder als ein auf Gott Hörender beginnt. Wie ganz anders muß der Tag aussehen, wenn Gott selber mit seinem Wort mich alle Morgen weckt und mir den Tag zum Geschenk gibt. Man mag es Morgenwache oder Stille Zeit nennen: Es sollte niemand auf diese Minuten am Morgen verzichten, wo man unter einem biblischen Wort den Tag bedenkt.«

Deshalb planen Sie die Stille Zeit fest ein. Suchen Sie dafür einen stillen Ort. Lassen Sie es sich etwas kosten, daß Gott mit Ihnen reden will. Behandeln Sie die Bibel als Arbeitsbuch. Unterstreichen Sie das, was Sie froh macht. Schreiben Sie sich ungeklärte Fragen auf und besprechen Sie diese mit anderen Christen. Lesen Sie auch die angegebenen Parallelstellen.

Durch das Blättern in der Bibel erkennen Sie, wie das Wort Gottes letztlich eine geheimnisvolle, wunderbare Einheit bildet. Es ist hilfreich, sich Notizen zu machen. Keine Hilfe, die uns die Konzentration erleichtert, sollte uns zuviel sein.

Hilfen, an Gottes Wort zu bleiben, sind auch die verschiedenen Bibellesepläne. Hier werden für jeden Tag fortlaufend Abschnitte angegeben und auch erklärt. Mich persönlich begleiten seit fast 20 Jahren die Pläne des Bibellesebundes. Sie haben für jede Alters- und Glaubensstufe das »richtige Maß« an Textumfang, Inhaltsschwere und Erklärungsweise. Zur Praxis der Stillen Zeit schlägt der Bibellesebund bei der Textbetrachtung diese vier Schritte vor:

1. Beten
2. Lesen: Was steht da?
Wo steht Ähnliches? (Parallelstellen)
Was ist die Hauptsache?
Was freut mich?
3. Danken: Wofür?
Was trifft mich?
Was kann ich tun?
4. Beten

Noch ein Letztes. Johannes Busch, Bundeswart im CVJM-Westbund, unterscheidet drei Arten von Bibellesen. Die erste ist der »Schluck aus der Feldflasche«. Der müde, durstige Wanderer nimmt ihn; wie wir das tägliche Bibelwort der »Losungen«. Die zweite Art ist das »Satt-Trinken an der Quelle«. Man läßt sich Zeit, einen Bibelabschnitt gründlich durchzudenken und durchzuarbeiten. »Das verschlingende Lesen« ist die dritte Betrachtungsweise der Bibel. Damit meint Busch das Lesen ganzer biblischer Bücher in einem Stück. Dabei entdecken wir Zusammenhänge und Linien.

Bleiben an Gottes Wort – das ist die verbindliche Stille Zeit, in der ich den Liebesbrief Gottes an mich lese. Mein Termin mit Gott ist fest eingeplant. Da lasse ich mich durch nichts anderes stören. Denn damit – und allein damit! – kann ich leben.

Bleiben an Gottes Wort aber fordert nun geradezu den dritten Punkt zu unserem Thema »Glauben heißt: verbindlich leben«:

3. Im Gehorsam bleiben

Kurz nach dem Zweiten Weltkrieg kommt ein Vertreter der amerikanischen CVJM-Schwesterorganisation YMCA nach Deutschland. Er besucht von Nord nach Süd viele CVJM-Kreise. Abschließend sagt er zu Bundeswart Johannes Busch: »Ich bin tief bewegt über das, was ich hier erlebt habe. Ich habe in drei Tagen mehr Bibeln gesehen als bei uns in zehn Jahren. Aber wenn Sie einmal sehen wollen, wie man das tut, was in der Bibel steht, dann können Sie bei uns in Amerika in drei Tagen mehr sehen als bei Ihnen in zehn Jahren.«

Es hat keinen Sinn, die Bibel als ein Stück frommer Pflichtlektüre zu betrachten oder gar als klassische Erbauungsschrift der Weltliteratur. Gottes Wort ist nichts für distanzierte Feinschmecker. Es ist Delikatesse für den, der bereit ist, den Weg von der Erkenntnis zum Gehorsam zu gehen. In der Bibel offenbart uns Gott seinen Willen. Er fordert uns zum Gehorsam heraus.

Gott spielt mit offenen Karten

Es gehört zur Verlogenheit so mancher frommen Diskussion, daß wir dauernd danach fragen, wie man denn heute im 20. Jahrhundert den Willen Gottes erfahren kann. Man wäre ja so gern bereit, ihn zu tun, erklärt man mit gönnerhaftem Unterton. Wie soll man ihn aber heute erkennen? Die Jünger damals hatten es einfach. Die konnten Jesus direkt fragen. Die hatten Direktkontakt zu Gott. Und überhaupt: Die Probleme der Welt sind doch heute ganz anders. Man wird ja wohl kaum noch alles das, was Jesus will, heute in die Tat umsetzen können. Also läßt man es eben gleich ganz sein und plant sein Leben nach eigenen Vorstellungen.

Wo man den Willen Gottes erkennen kann? Heute wie zu allen Zeiten eindeutig und glasklar an einer einzigen Stelle: in der Bibel. Nicht in visionären Privatoffenbarungen, nicht in Träumen und phantasievollen Einbildungen unseres Wunschdenkens. Gott zeigt uns seinen Willen klar und unmißverständlich in seinem Wort. In Psalm 103,7 heißt es: »Er hat seine Wege Mose wissen lassen, die Kinder Israel sein Tun.« Gott spielt mit offenen Karten!

Wenn wir endlich einmal anfangen würden, das zu leben, was in der Bibel steht. Die Frage nach dem Ort des Willens Gottes würde uns im Halse stecken bleiben. Das wäre eine Revolution, wenn sich junge und alte Christen entschließen würden, verbindlich zu leben. Wenn sie endlich bereit wären, bei Jesus zu bleiben: Herr, ich will nach deinem Willen fragen und ihn auch tun. Daß wir gepackt würden von der Aktualität seines Wortes und nichts anderes könnten, als darauf zu antworten: Herr, auf dein Wort hin will ich's tun.

Jesus Christus läßt uns nicht ohne Weisung. Wer in ihm bleibt, in dem bleibt auch er. Wer Christ sein will, der willigt ein in seinen Willen. Und den erfahre ich zuallererst in seinem Wort. Wenn ich die Bibel aufschlage, dann habe ich eine geistige Vorentscheidung zu fällen. Denn die Bibellese hat wahrlich nichts mit Sentimentalitäten zu tun, daß ich mir im Selbstbedienungsprinzip ein paar fromme Sprüche abhole. Gottes Wort ist Dynamit. Und ich muß einkalkulieren, daß er dadurch mein altes Leben total in Frage stellt und mir neue Wege weist. »Die Bibel ist nicht dazu da, daß wir sie kritisieren, sondern dazu, daß sie uns kritisiert« (Sören Kierkegaard). Das muß ich wollen. Das muß ich einkalkulieren. Deshalb gilt, bevor ich das Wort Gottes aufschlage, diese Vorentscheidung: Herr, ich will dein Wort ernst nehmen. Ich will es als Wahrheit für mich akzeptieren. Und ich will das, was du willst, auch tun.

Darüber sollte man sich vorher klar werden – bei geschlossener Bibel. Und dann sich dem Worte Gottes aussetzen. Nur machen wir oft genug den Fehler, daß wir nur das annehmen, was uns paßt. Selektives Bibellesen. Im letzten Jahr hatte ich in der wunderschönen Christkirche in Rendsburg zu sprechen. Sie war im 18. Jahrhundert die Garnisonskirche der dänischen Könige. Noch heute kann man die Loge sehen, in der die königliche Familie während des Gottesdienstes gesessen hat. Sie hat die Gestalt eines Erkers, von Fenstern umgeben. Wenn dem König die Predigt also nicht paßte, konnte er die Scheiben einfach schließen. Auch das ist eine Methode, sich dem Anspruch Gottes und seinem Willen zu entziehen.

Das ist kein verbindlicher Glaube, sondern feiger Betrug. Das Wagnis des Glaubens lautet: Ich bin bereit, mich durch meinen Herrn total in Frage stellen zu lassen. Ich bin bereit, seinen Willen zu tun. Ich will im Gehorsam bleiben. So verstehe ich auch den Schriftsteller Mark Twain: »Mir bereiten nicht die unverständlichen Bibelstellen Leibschmerzen, sondern diejenigen, die ich verstehe.«

Wenn Gott mit offenen Karten spielt, dann will ich bereit sein, ihn in meine Karten sehen zu lassen.

Die Frage nach dem Willen Gottes

»Ich weiß mich so geführt.« Das ist einer der häufigsten Sätze frommen Vokabulars. Dieser Satz wird oft so apodiktisch dahingestellt, als hätte man gesagt: »Die Wiese ist grün.« Da hat man vielleicht nie mit einem Bruder gesprochen, nie einen anderen Christen zu Rate gezogen. Ja, man hat noch nicht einmal darüber gebetet oder Geduld im Bibellesen gezeigt. Wie oft wird eigenes Wunschdenken als Wille Gottes ausgegeben! Wie viele Tragödien sind schon dadurch entstanden – bis hin zur Partnerwahl –, weil man naiv und egoistisch seinen Willen mit dem Gottes gleichgesetzt hat. Man hält sich für einen verbindlichen, gehorsamen Menschen; aber ist doch nur sich verbunden und gehorcht seinem Wunschdenken.

Bei der Erkenntnis des Willens Gottes wirken verschiedene Faktoren zusammen: Wort und Geist Gottes, der Rat anderer Christen und der eigene Verstand. Grundlage aller Führungen ist das Wort Gottes. Aus ihm heraus wird das Leben eines Christen gestaltet. Das bewahrt mich davor, in private Willkür und egoistische Einseitigkeiten zu verfallen, oder mein Handeln nur auf Gefühle und Meinungen zu bauen.

Der Heilige Geist leitet mich. Jesus Christus sagt selber: »Er wird euch an alles erinnern, was ich euch gesagt habe« (Joh 14,26). Und das ist kein enthusiastisches Erlebnis, kein gefühlsmäßiger Rausch. Der Heilige Geist ist keine Sondergabe für besonders fromme Leute, kein Zusatzgeschenk mit Berechtigungsschein zum Zutritt in exklusive Zirkel. Der Heilige Geist wird jedem Christen in der Bekehrung geschenkt. Er hilft uns, die Bibel in die spezielle Situation unseres Lebens zu übersetzen. Er, der die Bibel selber mitgeschrieben hat, macht sie uns jetzt wieder lebendig.

So kann es sein, daß jemand um eine Wegweisung Gottes ringt und plötzlich durch ein einziges Bibelwort die Antwort bekommt. Oft hat bei wichtigen Lebensentscheidungen das knappe Wort der täglichen »Losung« die Richtung gewiesen. Oder da spricht in der Stillen Zeit eine Bibelstelle so erstaunlich direkt zu mir, daß ich nun den Weg weiß. Dann fehlt nur noch der konkrete Schritt des Gehorsams.

Man sollte es sich aber auch hier nicht zu billig machen. Immer wieder gerät man in die Gefahr, daß man genau das als Weisung Gottes »erkennt«, was die eigene Meinung bestätigt. Man nimmt eine Bibelstelle wie ein Orakel, weil sie einem gerade paßt. »Mir ist klar geworden.« Dieser Satz wird dann jedem brüderlichen Zweifel entgegengehalten. Auch wenn das noch so fromm klingt: Mit einem solchen Satz kann man auf ganz subtile Weise seinen eigenen Willen durchsetzen und seinen Bruder erpressen.

Wir brauchen den Rat anderer Christen. Zum einen, indem sie mein Fragen und Suchen mit in ihr Gebet nehmen. Zum anderen, indem sie in Distanz zu mir und in Bindung an Gott den von mir erkannten Weg beurteilen. Wir brauchen die Brüder! Sonst verfallen wir dauernd dem Kurzschluß, unseren Plan mit dem Wollen Gottes gleichzusetzen. Wieviel Schaden und Enttäuschung hätte schon vermieden werden können, wenn man diese Regel beachtet hätte.

Weil wir selbst uns oft in unseren Wünschen so nahe stehen, brauchen wir Rat und Einverständnis der Brüder. Denn auch sie leitet ja der Heilige Geist. Sicher gibt es auch Fälle, wo man gegen den Rat der Geschwister entscheiden muß. Aber es ist weder weise noch liebevoll, sie nach selbständiger Entscheidung vor vollendete Tatsachen zu stellen.

Auch der Verstand ist ein Werkzeug zur Erkenntnis. Es ist ein frommes Mißverständnis, ihn in solchen Entscheidungsfragen schnell ausschalten zu wollen. Der vom Heiligen Geist erleuchtete Verstand ist nicht Hindernis, sondern Hilfe zur Erkenntnis des Willens Gottes. In aller Nüchternheit gilt es die Kosten zu überschlagen und seine Gaben zu entdecken. Als William Booth nach London kam und das Elend im Ostviertel sah, brauchte er keine weitere Inspiration. Er wußte: »Hier ist mein Platz.« So entstand die inzwischen weltweite Heilsarmee.

Natürlich gibt es auch hier Fälle, die gegen alle menschliche Vernunft sind. Bei Gott gibt es eben kein Schema. Gottes Führung scheint in unseren Augen manchmal völlig sinnlos und abwegig. Einen alten und kranken Mann ruft Gott nochmals in den Missionsdienst. Jedem Beobachter erschien das widersinnig. Und doch kann er, Charles Studd, in Afrika eine Erwekkung auslösen.

Größte Bedeutung für die Erkenntnis des Willens Gottes hat das Gebet. Wer diesen »direkten Draht« zu Jesus Christus nicht abreißen läßt, der erfährt oft ganz organisch, wie der Herr das Leben Schritt für Schritt führt. Dicht bei Jesus bleiben: verbindlich leben, das ist die Parole. Er selber hat uns die ganz praktische Leitung durch den Heiligen Geist zugesagt: »Er wird euch in alle Wahrheit leiten« (Joh 16,13).

Der Befehl Gottes muß immer umgesetzt werden, sei es in die Füße oder die Hände oder sonstwie. Abraham bekam Wegweisung von Gott. Jetzt lag es an ihm: Richtet er sich nach Gottes Willen oder verweigert er den Gehorsam? Erst als er sich aufmachte, den Weg Gottes zu gehen, bekam er Stück für Stück neue Weisung und Klarheit. Hieraus können wir viel lernen. Denn allzuoft kommen wir im Glaubensleben nicht mehr vorwärts, weil wir den nächsten Schritt nicht tun wollen. Und das, obwohl er uns schon längst klargeworden ist, aber uns aus unserer Bequemlichkeit herausreißen will. Einen Weg erkennt man oft erst dadurch als richtig, indem man anfängt, ihn zu gehen.

Gehorsam gegenüber Gottes Willen und Führung heißt Gehorsam gegenüber seinem Wort. Die Bibel will uns kein Rezeptbuch sein, sondern Kursbuch für unser Leben. Gottes Generalstabskarte, auf der Weg und Ziel festliegen.

Die Frage nach der Mitte

Ungehorsam gegenüber Gott bedeutet Verlust der Vollmacht. »Eine Gemeinde Jesu, die sich der Welt nicht anpaßt, wird schwer durchkommen in der Welt; aber sie nimmt großen Einfluß auf die Welt. Eine Gemeinde Jesu, die sich dagegen der Welt anpaßt, wird leicht durchkommen in der Welt, aber die Welt nimmt großen Einfluß auf sie« (Paul Le Seur). Es geht also darum, von wem wir uns bestimmen lassen und wem wir gehorsam sind. Daran steht und fällt alles.

Das dauernde Geschrei nach Aktivismus ist oft nichts anderes als eine feige Flucht vor dem Willen Gottes. Da läßt man sich seinen Fahrplan von der Welt diktieren und kommt sich dabei wahnsinnig fortschrittlich und modern vor. Die Welt spricht von Revolution, und Christen basteln gleich eine dazu passende Theologie. Die Welt spricht von Frieden, und Christen werden ihre besten Marschierer. Die Welt warnt vor falscher Verinnerlichung, und schon legen Christen die Bibel in die Ecke und krempeln die Ärmel hoch. Die Welt pfeift, und wir tanzen . . .

Haben wir eigentlich noch den Mut, Gott als Mitte unseres Lebens zu behaupten und ihm allein gegen alles Gelächter der Welt gehorsam zu sein? Der bekannte polnische Philosoph und Schriftsteller Leszek Kolakowski erhielt 1978 den »Friedenspreis des Deutschen Buchhandels«. In seiner denkwürdigen Rede in der Frankfurter Paulskirche sagte Kolakowski u. a.: »Die Kirche ist taub geworden, sie rennt mit der Zeit um die Wette; sie will neuzeitlich, fortschrittlich, leistungsfähig, trainiert, verwegen, motorisiert, wissenschaftlich und energisch sein. Die Christen fürchten weder Unglauben noch Häresie; sie fürchten nur noch das eine, daß sie jemand am Ende als rückständig, als mittelalterlich auslachen könnte.«

Im Gehorsam bei Jesus bleiben heißt: Er ist die Mitte. Ihm stellen wir uns ganz zur Verfügung. Er soll unseren Terminplan diktieren. Er setzt die Prioritäten. Wir unterstellen uns seinem Kommando. Denn seine Befehle machen unser Leben groß und weit.

Gehorsam leben heißt: Wir *gehen* nicht in den Gottesdienst, wir *sind* im Gottesdienst. Immer, 24 Stunden am Tage. Der unvergessene Berliner Bischof Otto Dibelius hatte dies als Lebensmotto: »Ein Christ ist immer im Dienst.«

Während viele Christen daran kaputtgehen, daß sie dauernd ängstlich auf die Welt schielen und alles wollen, nur sich nicht als verinnerlicht und inaktiv abstempeln lassen. Während viele daran zugrunde gehen, möchte ich meinen, wir müssen wieder zurück zur Mitte. Und das heißt: Wir müssen wieder fromm werden.

Das hat nichts mit sentimentalen Gefühlen zu tun. Das heißt auch nicht, den Blick immer leicht schräg nach oben gerichtet zu haben oder sich möglichst unmodern zu kleiden. Paul Deitenbeck scherzt immer: »Manche Christen lächeln dauernd so fromm und milde vor sich hin, daß man denkt, sie müßten sich hinterher stundenlang entspannen.« Das hat mit Frömmigkeit nichts zu tun.

Fromm sein heißt: Ich lasse Jesus Christus die Mitte meines Lebens sein. Er und sein Wort sind mir wichtiger als alle Forderungen dieser Welt. Die Ewigkeit ist mir wesentlicher als alles Gehabe unserer Zeit. Mein Herr und seine Gemeinde haben immer Vorrang. Deshalb will ich ihm und seinem Wort gehorsam sein.

Trittbrettfahrer unerwünscht

Gehört mein voller Einsatz Jesus? Trainiere ich einen verbindlichen Glauben, um ihn dann auch ganz zu leben? Oder behalte ich einen Teil meines Lebens unter eigener Regie? Es gibt Leute, die sich Jesus zu 99 Prozent ausliefern. Aber vor dem einen Prozent steht die dicke Aufschrift: Privat.

Herr, ich will dir ja gern gehorchen. Aber entschuldige bitte. Zuerst will ich einen guten Schulabschluß machen; es ist ja schließlich zu deiner Ehre. Später will ich dir ganz gehorchen. Später will ich verbindlich im Jugendkreis, im Gottesdienst und der Bibelstunde dabei sein. Später . . .

Ach Herr, laß mich doch erst meine Führerscheinprüfung machen. Dann kann ich ja auch immer wieder Leute mitnehmen zu den Veranstaltungen der Gemeinde. Ich muß meine Fragebogen ausfüllen. Die Stille Zeit schaffe ich nicht mehr. Später . . .

Die Einstiegsphase in den Beruf kostet soviel Zeit und Kraft. Später, wenn ich mich richtig eingearbeitet habe, dann will ich alles tun, was du von mir willst. Später . . .

Lieber Herr, jetzt kommt die Freundin. Du wirst das doch wohl verstehen, du hast das ja so geführt. Wir brauchen Zeit. Später . . .

Nun hat natürlich die Familie Vorrang, die Kinder, das Vorwärtskommen im Beruf. Da bleibt wenig Zeit. Wenn die Kinder aus dem Haus sind, dann will ich dir mein ganzes Leben zur Verfügung stellen. Später . . .

Später: Herr, jetzt bin ich alt; meine Tage sind gezählt; jetzt kann ich nichts mehr für dich tun. Ach, könnte ich doch noch einmal von vorne anfangen. Das ist das Schrecklichste, was am Ende unseres Lebens gesagt werden kann: zu spät. Es war alles umsonst; verpaßte Gelegenheit.

Paul Humburg, der rheinische Präses der Bekennenden Kirche, sagte rigoros und kompromißlos: »Sei ganz sein oder laß es ganz sein!« Gott braucht keine Trittbrettfahrer. Gott will keinc halben Christen. Gott braucht Leute, die sich ganz und gar ihm verschreiben. Leute, die verbindlich im Glauben leben. Leute, die bei Jesus bleiben, indem sie ihm gehorsam sind. Leute, die fromm sind, indem sie das Wesentliche wesentlich nennen. Leute, die nur einen Wunsch haben: Herr, dein Wille geschehe.

Blaise Pascal, der große Denker des 17. Jahrhunderts, hat uns ein Gebet hinterlassen, das auch für uns Maßstäbe setzen kann:

»Herr, ich bitte Dich nicht um Gesundheit,
auch nicht um Krankheit,
nicht um Leben und nicht um Tod.
Aber darum bitte ich Dich,
daß Du verfügen mögest
über meine Gesundheit und über meine Krankheit,
übcr mein Leben und über meinen Tod
zu Deinem Ruhm, zu meiner Errettung
und zum Nutzen der Gemeinde und Deiner Heiligen,
deren einer ich durch Deine Gnade sein möchte.
Du allein weißt, was mir dienlich ist,
Du bist der unumschränkte Herr;
tue mit mir nach Deinem Willen.
Gib mir oder nimm von mir,
nur mache meinen Willen übereinstimmend mit
dem Deinen!«

Dieses Gebet kann uns neu an Jesus Christus binden. Denn auch das gehört zum verbindlichen Glaubensleben:

4. Im Gebet bleiben

Wer Gottes Willen tun will, der muß stets »am Ball« bleiben. Das heißt: an Gottes Wort und im Gebet. So gewiß wir den Sauerstoff zum Atmen brauchen, so nötig haben wir die Gebetsverbindung zu Gott zum verbindlichen Glaubensleben. Denn Jesus mahnt und verheißt in unserem Bibelwort Johannes 15: »Wenn ihr in mir bleibet und meine Worte in euch bleiben, werdet ihr bitten, was ihr wollt, und es wird euch widerfahren« (V. 7).

Beter bewegen die Welt

»Ich bete für Sie!« Diese vier Worte vereitelten eine Flugzeugentführung im Dezember 1971. Der Luftpirat fragte die Stewardeß der Boeing 737 der »Wien Consolidated Airlines«, was sie gerade denke. Die völlig unerwartete und ruhige Antwort muß den Entführer wohl aus der Fassung gebracht haben. Jedenfalls stellte er sich in Vancouver freiwillig der Polizei.

Zur Fußballweltmeisterschaft in Spanien bekannten zwei der Weltbesten, der Münchner Karlheinz Rummenigge und der Argentinier Diego Maradona: »Vor jedem Spiel sprechen wir ein Gebet.« Da sind sie in guter Gesellschaft. »Beten, das hat mich immer wieder auf die Beine gebracht«, erklärte Klaus Fischer, Torjäger und Kapitän von Schalke 04, offen einer Fußballzeitschrift. Dem schließt sich der sympathische ZDF-Sportstudio-Moderator Dieter Kürten gleich an.

Kurt Bendlin, Weltrekordler im Zehnkampf, berichtet bei einer christlichen Veranstaltung: »Bei den Olympischen Spielen in Mexiko führte ich ein langes Zwiegespräch mit Gott. Der Stabhochsprung, achte Übung des Wettkampfes, dauerte schon über sechs Stunden. Zweimal hatte ich die Höhe von 4,20 Meter gerissen. Ein drittes Mal – und alle Chancen wären dahin gewesen. Ich litt unter Verletzungen am Arm und am Oberschenkel. Ich war nervös und fahrig. In dieser Situation besann ich mich auf das, was mir auch sonst immer Frieden und Geborgenheit gegeben hatte. Ich betete: ›Lieber Herr, wenn du es willst, dann führe mich. Jetzt entscheide du, ob ich den dritten Versuch erfolgreich überstehe.«« Kurt Bendlin überwand die Höhe, später sogar noch 4,60 Meter. Er gewann die Bronzemedaille.

Was stimmt denn nun? Der so modern klingende Rat des lateinischen Klassikers Ovid: »Verliere keine Zeit durch Beten?« Oder die Gewißheit des Theologen August Tholuck: »Beten heißt Teilnahme an der Weltregierung Gottes?« Beten – das ist entweder der größte Unsinn aller Zeiten oder aber die erregendste Möglichkeit der Weltgeschichte.

Gebet bewegt die Welt – und Gott! Wir haben keinen fatalistischen Schicksalsglauben. Unser Gott hat keine unveränderlichen Pläne. Er läßt sich erweichen. Gott tut etwas, das er ohne unser Bitten nicht getan hätte. Da wird der judäische König Hiskia vor 2700 Jahren todkrank. Gott läßt ihm durch den Propheten Jesaja mitteilen: Du wirst sterben. Hiskia beginnt zu beten. Und Gott ändert seine Entscheidung: Ich habe dein Gebet erhört; ich will dich erretten (Jes 38).

Oder denken wir an Abraham. Er betet für Sodom und ringt Gott eine Änderung seines Planes ab (1 Mo 18). Nicht locker lassen! Das ist der Rat Jesu, wenn er uns zu »unverschämtem Drängen« auffordert (Lk 11,5–8). Wir dürfen ihn beim Wort nehmen.

Wer da nicht betet, begeht den größten Selbstbetrug seines Lebens. Er bringt sich um die größte Möglichkeit. Denn der Beter hat direkten Zugang zu Gott. Ohne Vorzimmer, ohne Anmeldung, ohne Instanzen. Gott hat immer für mich Zeit. Wieviel Zeit nehmen wir uns für ihn? Lassen wir uns herausfordern durch die Reklameaufschriften an den Telefonzellen: Ruf doch mal an! Denn wer Gott anruft, der hat Direktanschluß beim Herrn aller Herren.

Die wichtigsten und bedeutendsten Menschen, die heute auf der Erde leben, sind die Beter. Niemand hat soviel Einfluß wie sie. Wer betet, ist im Zentrum aller Dinge. So konnte einer der Märtyrer des Dritten Reiches in der dunkelsten Stunde Deutschlands sagen: »Allein den Betern kann es noch gelingen, das Schwert ob unsern Häuptern abzuwenden.« Bewegt wird die Welt weder im Weißen Haus noch im Kreml. Da wird sie höchstens leicht erschüttert. Einzig weltbewegend ist das Gebet. Und das gilt auch dort, wo wir uns in politischen Diskussionen und blindem Aktivismus zu verlieren drohen. »Der archi medische Punkt außerhalb der Welt ist eine Betkammer, wo der wahre Betende in aller Aufrichtigkeit betet – er soll die Erde bewegen« (Sören Kierkegaard).

Wir sind Kinder des reichsten Vaters. Und den dürfen wir sogar »Abba« (Röm 8,15) nennen. Das ist das Wort eines israelischen Kindes, wenn es den Vater beim Kosenamen ruft. Die Grundhaltung des Betenden ist dieses Vater-Kind-Verhältnis. Und weil dieser Vater alles hat, deshalb nimmt er seinen Mund nicht zu voll, wenn er verheißt: Bittet, so wird euch gegeben! (Mt 7,7). Gott macht keine leeren Worte wie die Großmäuler dieser Welt. Er sagt, weil er kann.

Christen auf der Flucht?

Wer betet, gibt Jesus in seinem Leben Raum. Denn das Gebet ist die geöffnete Tür, durch die Jesus eintreten kann. Deshalb ist es falsch zu sagen: »Da kann man nur noch beten.« Als sei das der letzte Ausweg, nachdem man vorher als »Selbermacher« gescheitert ist. Beten ist eine Lebenshaltung und keine Notbremse. Bert Brecht irrt, wenn er in seinem Gedicht »Ozeanflug« meint: »Wenn ich fliege, bin ich Atheist.« Als gäbe es Lebensräume, mit denen Gott nichts zu tun hat!

Betend leben heißt: Ich erwarte alles von Gott und nichts von mir selber. Das rückt die Rangordnung zurecht. Das bringt auf den Teppich zurück, wo man sich in Eigenmächtigkeiten verrannt hat.

Menschen ohne Gebet sind immer betrogene Leute. Sie können sich höchstens noch mit dem lächerlichen Vorurteil trösten, daß Beten zur Inaktivität führt und bekanntlich noch niemand mit gefalteten Händen gearbeitet hat. Übrigens: Mit gefalteten Händen hat auch noch nie jemand den anderen erschlagen!

Erst das Gebet öffnet mir die Augen für das, was ich tun soll. Und wie – und vor allem: mit welcher Kraft. So wie es Martin Luther formuliert: »Man muß beten, als ob alles Arbeiten nichts nützt, und arbeiten, als ob alles Beten nichts nützt.« Das Gebet hält uns nämlich nicht von der Arbeit ab. Im Gegenteil. Es bestimmt unser Handeln und unseren Arbeitsstil. Wer betet, hat offene Augen für seine Umwelt. Gerade weil er sie bei Gott »abgeben« kann, wird er frei, sich um sie zu kümmern. »Wie unser Gebet ist, so ist unsere Arbeit, so ist unser Einfluß auf unsere Mitmenschen« (Karl Heim).

Der Beter ist niemals weltflüchtig, sondern immer weltzugewandt. »Die Frommen beten nur und tun nichts« – dieses Vorurteil ist alt und dümmlich zugleich. Leider gibt es auch manche Christen, die Angst haben, als »Betschwestern« verschrien zu werden. Wer hat noch den Mut, als junger Christ zu sagen: Ich gehe jede Woche in einen Gebetskreis; ich bete – und nicht nur bei Tisch. Lieber läßt man sich von denen verführen, die das Heil in Aktionismus suchen. Wieviel wird eigentlich in unseren Kreisen noch ernsthaft gebetet?

Der Beter ist weltzugewandt. Er nimmt den Auftrag Gottes ernst, »daß man vor allen Dingen zuerst tue Gebet, Fürbitte und Danksagung für alle Menschen, für die Könige und für alle Obrigkeit« (1 Tim 2,1 f). Das hat zur Folge, daß man sich für die Dinge dieser Welt interessiert, und zwar in des Wortes ursprünglicher Bedeutung. Mit »inter esse« meinte der Lateiner: dabei sein. Wir sind mittendrin. Nur lassen wir uns von der Welt nicht erdrücken. Wir nehmen sie mit in unser Gebet. Das macht uns dann den Blick frei für das, was wir nun tun können. Der Beter wird sich nie zu verzetteln brauchen, weil Gott den Blick auf das Wesentliche lenkt. Als Christen fliehen wir nie aus der Welt, aber immer ins Gebet.

Auch wenn Sie von allen ausgelacht werden und Sie in der Schulklasse oder am Arbeitsplatz ganz alleine stehen: Sie sind der wichtigste Mann in Ihrer Umgebung. Denn Sie haben Einfluß bei Gott. Lassen Sie die anderen lachen! Vielleicht werden sie irgendwann einmal einsehen, daß sie letztlich von Ihren Gebeten profitiert haben. Ich werde es nie vergessen, wie mir ein Dachdeckermeister einmal sagte: »Jetzt, nachdem ich zum Glauben gekommen bin, weiß ich erst, warum unserem Bautrupp nie etwas passiert ist. Früher habe ich das als Zufall betrachtet. Heute bin ich dem einen Kollegen dankbar, der für uns gebetet hat, obwohl wir ihn dauernd verspottet haben.«

Gottes Lobby

Beter sind Einflußleute. Sie sind eine »Lobby«. Ich habe oft in Bonn zu tun. Im Foyer des Deutschen Bundestages ist immer ein buntes und geschäftiges Treiben. Da sitzen in den Ledersesseln kleine Gesprächsgruppen zusammen: Bundestagsabgeordnete mit Vertretern irgendwelcher Organisationen. Letztere wollen die Parlamentarier für ihre Anliegen gewinnen. Da bemühen sich Gewerkschaftler um Einflußnahme auf die Sozialgesetzgebung oder Arbeitgebervertreter, wenn es um gesetzliche Beschlüsse für Investitionszulagen geht. Dieses nennt man »Lobby«.

Eine solche Lobby, ein solcher Einflußmann, ist der Beter bei Gott. Und es ist gut, viele solcher Leute zu haben, die für uns bei Gott Einfluß nehmen. Das gehört zur christlichen Gemeinde, daß einer für den anderen bei Gott Lobbyist ist. Daß einer für den anderen Fürbitte tut.

Es wäre eine großartige Sache, wenn wir uns in unseren Gemeinden ganz konkret nach solchen Leuten umschauen würden. Da ist mancher alte Bruder, manche alte Schwester, die vielleicht nicht mehr viel im praktischen Gemeindeleben tun können. Die oft schon resigniert haben: Ich bin überflüssig. Das kann der Segen von Alter, Schwäche und Krankheit sein, daß man eben nicht überflüssig ist. Es könnten für die Gemeinde die wichtigsten Leute werden: unsere Lobby bei Gott.

Jugendbünde, Bibelgruppen, Hauskreise und Missionstrupps sollten ihre Anliegen aufschreiben. Woche für Woche. Und dann in die Häuser der Alten gehen und sagen: Nun bewegt diese Welt; nehmt Einfluß bei Gott; tut für uns den Dienst der Fürbitte.

Wenn ich selber meine Vortragstermine in die Altenheime und Feierabendhäuser unserer Diakonissen melde, dann weiß ich: Hier wird für mich die Welt bewegt. Hier wird mehr Segen erwirkt als in manchen Kreisen mit gesunden, jungen Menschen. Wie viele alte Omas haben schon ihre Kinder und Enkel »zurechtgebetet«, daß sie – oft erst nach Jahrzehnten – den Weg zu Jesus fanden. Vor solchen Leuten ziehe ich den Hut. Nicht vor denen, die in Kraftprotzerei und jugendlichem Leichtsinn meinen, Gebet sei überflüssig.

Wo beten Not macht

Müdigkeit macht sich breit. Auch unter Christen. Wie wenig wird bei uns noch gebetet! Viele sagen: Ich kann einfach nicht mehr beten; das Konzentrieren fällt mir so schwer; mir fehlen oft die Worte; ich schaffe das einfach nicht mehr, mit Gott zu reden. Der enge Kontakt zu Jesus ist zu einem Wackelkontakt geworden.

Man kann sich die schönste, chromblitzendste Taschenlampe kaufen. Die teuersten und wattstärksten Glühlämpchen. Die besten Batterien. Und man schraubt alles zusammen, drückt auf den Knopf, erwartet das Licht – und es bleibt dunkel. Warum? Weil zwischen den Polen der Batterie und der Glühbirne ein kleines Papierschnipselchen steckt. Es behindert die Stromzufuhr und damit das Leuchten. Bei vielen ist das Glaubensleben kalt und dunkel, weil die Energie fehlt.

Im Glauben verbindlich leben – das heißt: verbunden bleiben mit Jesus. Im Gebet bleiben heißt: einen direkten, heißen Draht zu Gott haben. Da darf nichts dazwischenkommen. Und wenn, dann muß es sofort weg. Was hindert Sie am Direktkontakt mit Jesus? Unvergebene Schuld stört den Kontakt zur Ewigkeit. Wo wir bewußt in unserem Leben Sünde festhalten, können wir auch nicht mehr aufrichtig beten. Denn Sünde – so des Wortes ursprüngliche Bedeutung – sondert uns von Gott ab. Der Draht zum Vater ist unterbrochen. Wir haben den Anschluß verloren. »Eure Sünden scheiden euch von eurem Gott« (Jes 59,1 f). Sündennot ist meistens die Ursache unserer Gebetsnot.

Wenn ein Kind etwas ausgefressen hat, dann kann es dem Vater nicht mehr in die Augen blicken. Es geht ihm aus dem Weg. Das schlechte Gewissen treibt in die Isolation. Sünde macht einsam und freudlos. So geht es vielen Christen. Sie sind gebetsmüde, weil unvergebene Schuld sie von Gott trennt.

Die oft geäußerte Klage »Warum erhört Gott meine Gebete eigentlich nicht?« hat auch darin ihren Grund: »Wo ich Unrechtes vorhätte in meinem Herzen, würde der Herr mich nicht erhören« (Ps 66,18). Erhörung der Gebete ist denen verheißen, die bei Jesus bleiben und in seinem Wort. Wo die Verbindung zu ihm aber durch Sünde unterbrochen ist, kann und will Gott auch nicht segnen. Wir selber sind es also, die den Draht zu Gott zerschnitten haben und seinem Segen im Wege stehen.

Der »Störsender« bei unserem Kontakt zu Gott ist der Teufel. Für ihn ist es oberstes Ziel, ein Gespräch mit Gott zu verhindern. Wir sollten dem Feind des Lebens also keinen Raum lassen. »Der Teufel steigt gern da in den Garten, wo der Zaun am niedrigsten ist« (Martin Luther). Davor kann man sich schützen. Durch die geistliche Waffenrüstung, wie Paulus sie nennt. Durch das Schwert des Wortes Gottes, das Bleiben bei Jesus Christus und die Mauer des Gebetes. So kann es bei Gebetsnot eigentlich nur ein Gebet geben: »Herr, vergib! Herr, nimm das, was mich von dir trennt, weg, damit wir wieder einen störungsfreien Kontakt haben.« Regelmäßiges Gebet kann zu einer Mauer werden, die dem Teufel das Eindringen verwehrt.

Beten wird auch dort Not machen, wo man an Gottes Erhörungsverheißung zweifelt. Damit stellt man nämlich Gottes Allmacht in Frage und sich selbst ins Abseits. »Wer zweifelt, der denke nicht, daß er etwas vom Herrn empfange« (Jak 1,6 f). Oder es fehlt an Geduld, auf Gottes Antwort zu warten. Wer Gott zum Groschenautomaten degradiert, wird immer leer ausgehen.

Viele werden in ihrem Gebetsleben müde, weil sie in ihren Anliegen völlig falsche Motive haben. Als müsse Gott nun unbedingt alles das tun, was wir gerade wollen. Als der Schöpfer und Erhalter unserer Existenz weiß aber nur er allein, was gut für uns ist. Deshalb hat er ein Recht darauf, daß wir in kindlichem Vertrauen sagen: »Herr, nicht mein, sondern dein Wille geschehe.« Gebetsnot entsteht auch da, wo ich diese Perspektive aus den Augen verliere: daß Gott nicht nur die Erfüllung meiner augenblicklichen Wünsche, sondern die weite Zukunft meines Lebens im Blick hat. Wie frohmachend ist da diese Gewißheit Dietrich Bonhoeffers: »Es gibt erfülltes Leben trotz vieler unerfüllter Wünsche.«

Wie wir beten können

Entscheidend ist die Beständigkeit des Gebets. Beten ist kein Notruf in Krisenzeiten, sondern eine Dauerschaltung zu Gott. Verbindlich im Gebet bleiben heißt deshalb nichts anderes als: betend leben.

Das kann ganz praktisch darin bestehen, daß man mitten bei

der Autofahrt, am Arbeitsplatz, in der Schule, bei der Hausarbeit ganz konkret mit Gott redet. Daß man über seine augenblickliche Situation die Macht Gottes ausruft, indem man Jesus beim Namen nennt. Das bedarf oft noch nicht einmal geschlossener Augen und gefalteter Hände.

So sehr wir jedoch ständig mit Gott reden dürfen, so sollten wir uns feste Zeiten zum Gebet einplanen. Wer nicht zu bestimmten Zeiten betet, der betet auch nicht zu unbestimmten. Feste Gebetszeiten sind bewahrende Bastionen. Sie sind eine hohe Mauer, die das Eindringen teuflischer Mächte in unser Leben verhindern. Früher mahnte die Gebetsglocke den Bauern auf dem Feld, mit der Arbeit einzuhalten und zu beten. Auch heute sollten wir feste Zeiten einplanen, die dem Gespräch mit Gott gehören.

Wir brauchen beides: das private Vieraugen-Gespräch mit unserem Herrn (Mt 6,6) und das Beten in der Gemeinschaft (Apg 2,42).

In die Gebetsgemeinschaft mit anderen Christen gehört Disziplin. Nichts ist schlimmer als überlange Gebete. Sie sind lieblos, weil sie von den anderen meist nur durchlitten werden. Wie oft ertappen wir uns dabei, daß wir beim Gebet des Bruders schon unser eigenes vorbereiten. Kurze Gebete sind für die anderen ermunternd. Es ist ratsam, nur kurze, knappe Sätze zu sagen. Ein Gedanke vielleicht, an den der Mitbeter dann anknüpfen kann.

Anschließend wird ja alles durch das »Amen« zusammengebunden und bekräftigt. Dieses Wort ist mehr als eine bloße Formel, eine Schlußfloskel oder ein Signal, daß jetzt ein anderer weiterbeten kann. Amen bedeutet: Ja, so soll es geschehen. Und das setzt voraus, daß man laut und deutlich spricht, um sich den anderen verständlich zu machen. Aber auch, daß man konzentriert zuhört, um dann sein Amen dazuzusetzen.

Der Betende ist still vor Gott. Und Stille führt immer zu einer angemessenen Form. Flegelhaftes Dahinlümmeln und fahrige Unruhe können nie ein Zeichen innerer Sammlung sein. Ich halte es weder für altmodisch noch für unwürdig, sich zum Gebet zu knien. Wir sollten den Mut haben, an diese gute Tradition wieder neu zu erinnern. Im Gespräch mit Gott haben wir es nicht mit einem Kumpel zu tun, sondern mit dem Herrn der Welt. Und übrigens: Wer vor Gott kniet, der kann auch anschließend vor Menschen geradestehen.

Als die Jünger ihren Herrn baten: »Lehre uns beten«, da sagte Jesus nicht einfach: »Redet mit mir; schüttet mir euer Herz aus.« Er gab ihnen ein festformuliertes Gebet (Lk 11). Ja, er warnt sogar vor dem Viele-Worte-Machen nach Art des heidnischen Geplappers, bevor er ihnen das Vaterunser gibt (Mt 6,7 ff). Wie hilfreich können vorformulierte Gebete sein! Welch ein Segen liegt darin, wenn in einer Gemeinschaft zusammen ein Psalm gelesen wird. Wenn ich mir einen Vers des Gesangbuches zum Gebet mache. Hierin wird sich einmal das Elend modernen Religions- und Konfirmandenunterrichts zeigen, daß man aus Angst vor Leistungsforderungen das Auswendiglernen vernachlässigt, ja, ganz abgeschafft hat. Jedes Lied, jeder Psalm ist ein kostbarer Besitz. Ein Gebetsreichtum für Zeiten, wo einem die eigenen Worte fehlen. Hier trifft die englische Übertragung von »auswendig lernen« das Zentrum der Dinge: to learn by heart. Gelerntes Glaubensgut der Väter ist ein unauslöschbarer Schatz für das eigene Herz.

Der Beginn jeden Gebetes ist die Anbetung. Denn die gebührt Gott. Ebenso wie der Dank. Daß uns so schnell die Bitten über die Lippen kommen, ist ein Zeichen geistlicher Disziplinlosigkeit. Die Grundhaltung eines verbindlichen Lebens ist die Dankbarkeit. Es folgt das Bekenntnis des eigenen Versagens mit der Bitte um Vergebung.

Erst dann darf ich mit der Unbefangenheit eines Kindes den Vater bitten. Gebet ist eine Möglichkeit ohne Grenzen, deshalb dürfen auch meine Bitten grenzenlos sein. Alles jedoch unter dem Leitwort: Herr, dein Wille geschehe. Ich werde Fürbitte üben. Dies wiederum macht mich aufmerksam gegen meine Umwelt. Denn ich kann nur für den beten, dem mein Interesse und meine Teilnahme an seinem Leben und Ergehen gehört. Den verbindlichen Beter erkennt man an seiner Aufmerksamkeit anderen gegenüber.

Wer betet, der bekommt Ordnung in sein Leben. Er verläßt seinen eigenen Standort und begibt sich in die Nähe Gottes. »Betet!« ruft uns Hermann Bezzel zu, »betet! Durch Gebet weicht der Staub von der Seele und die Last vom Gewissen und die Angst aus dem Herzen. Der Mensch wird frei, die Fesseln fallen. Gebet ist Zusammenschluß mit dem Erlöser.« Deshalb gehört das Bleiben im Gebet zum verbindlichen Glaubensleben. Wir brauchen diesen täglichen Zusammenschluß mit unserem Erlöser.

Und er selber beschenkt uns mit unendlichen Gebetsverheißungen:

»Die Hände, die zum Beten ruhn,
die macht er stark zur Tat,
und was der Beter Hände tun,
geschieht nach seinem Rat«
(Jochen Klepper).

Wer im Gespräch mit Gott bleibt, der wird auch den anderen Punkt verbindlichen Lebens praktizieren:

5. Im Gespräch bleiben

Das Gespräch mit Gott fordert das Gespräch mit Menschen geradezu heraus. Wer in der Fürbitte seinen Nächsten zu Gott bringt, wird auch Gott zu seinem Nächsten bringen. Er wird ein Zeuge sein und seinen Herrn bekennen. »Wir können's ja nicht lassen, daß wir nicht reden sollten von dem, was wir gesehen und gehört haben« (Apg 4,20). Das erklärten Petrus und Johannes vor dem Jerusalemer Hohen Rat, als man sie mundtot machen wollte. Trotz drohender Strafen hielten sie daran fest: Wir sind Botschafter an Christi Statt.

»Die Botschaft muß raus«, konnte der unvergessene Zeuge Dr. Gerhard Bergmann, der wohl bedeutendste deutschsprachige Evangelist unseres Jahrhunderts, immer wieder sagen. Christen dürfen sich nicht zum Schweigen bringen lassen. Sie sind Führungskräfte, wie wir bereits sagten. Sie haben ein Wissen um den Weg des Lebens, das sie nicht für sich behalten dürfen. »Laßt uns doch die Welt nicht um die Wahrheit betrügen!« hat Amerikas großer Präsident John F. Kennedy einmal ausgerufen.

Wer selber verbindlich mit Jesus lebt, der hat nur ein Interesse: andere ebenfalls in diese Lebensverbindung zu rufen. Im Glauben verbindlich leben heißt immer: Ich gehe der Ewigkeit entgegen und nehme aus der Zeit möglichst viele Menschen mit.

Wir dürfen nicht schweigen und nicht schlafen. Denn das führt zum geistlichen Tod. »Der christliche Glaube stirbt, wenn er arbeitslos wird« (Adolf Sommerauer). Gott will müde Christen munter machen. Er gibt uns Auftrag, Weg und Kraft.

Die beiden Jahreslosungen von 1980 und 1981 ermuntern uns zum missionarischen Gespräch: »Gott will, daß allen Menschen geholfen werde und sie zur Erkenntnis der Wahrheit kommen« (1 Tim 2,4) – »Wohlzutun und mitzuteilen vergesset nicht; denn solche Opfer gefallen Gott wohl« (Hebr 13,16). Wir sollen wohltun, indem wir mitteilen. Und das heißt mit unserem Thema: im Gespräch bleiben.

Mitteilen – was denn?

Teilen können wir nur das, was wir selbst empfangen haben. Wer mehr geben will, übernimmt sich. Wer allerdings weniger gibt, der betrügt seinen Nächsten. Wir teilen mit, was wir haben: den größten Schatz, den es überhaupt gibt. Ewiges Leben, Sinn und Erfüllung in Jesus Christus. Wir haben geglaubt und erfahren, daß er für unsere Sünden gestorben ist, auferstand und lebt. Wir haben Vergebung und Freiheit. Dieses kostbare Gut gilt es weiterzugeben.

Christen sind zunächst einmal kein sozial engagierter Wohltätigkeitsverein. Ebensowenig ein frommer Zirkel zur Auferbauung der eigenen Seele. Christen sind Leute, die mit dem größten Angebot, das es überhaupt gibt, in eine hoffnungs- und orientierungslose Welt hineintreten und sagen: Wir haben den Messias gefunden, komm und sieh!

Unsere Welt brennt. Sie quält sich zu Tode. Da fragen junge und alte Leute: »Was soll eigentlich das Ganze? Wofür soll ich mich in einer hoffnungslosen Welt engagieren? Es hat doch alles keinen Sinn!« Frustration und Resignation machen sich breit. Man vereinsamt inmitten der Masse. Einsamkeit ist das große Problem unserer Zeit. Eisige Kälte hat menschliche Wärme verdrängt. Der Mensch ist zur Nummer degradiert.

Das Grundgefühl unserer Tage ist Angst. Wie lange wird der Friede noch halten? Kommt auch zu uns wirtschaftliche Not? Was soll aus den Kindern werden? Was wird aus mir, wenn ich sterben muß? Henry Vahl, der als Star des Hamburger Ohnsorg-Theaters Millionen zum Lachen brachte, hatte Angst vor dem Sterben. Der Schauspieler Curd Jürgens starb am 18. Juni 1982. Das Fernsehen zeigte noch einmal seinen Film »Jakubowski und der Oberst«. In heldenhaftem Aufbegehren stellt sich der Oberst, gespielt von Jürgens, immer wieder gegen den ängstlichen, um sein Leben zitternden Jakubowski: »Ich fürchte den Tod nicht!« Das war der Film. Hinter der Maske aber sah es so aus, wie der Schauspieler es mir in einem Interview zu seinem 65. Geburtstag sagte: »Vor dem Sterben habe ich Angst.«

Unsere Welt ist orientierungslos, weil sie ziellos ist. Denn wer kein Ziel hat, der hat auch keinen Weg. »Wir leben in einer Welt der vollkommensten Mittel, aber der verworrensten Ziele« (Albert Einstein). Wir sind ratlos geworden, bis in die Spitzen der Politik hinein. Und es sind wenige, die das Übel beim Namen nennen: »Der Grund unserer heutigen Krise ist der Abfall des Menschen von Gott« (Helmut Kohl).

Deshalb drängt die Zeit, daß wir als Christen unser Schweigen brechen. Daß wir aufwachen. Daß wir anfangen mitzuteilen: Laß dich versöhnen mit Gott!

Der moderne Mensch hat Ungeheures geleistet in Kunst und Wissenschaft, in Medizin und Technik, in Wirtschaft und Philosophie. Aber eines hat er darüber vergessen: die Seele. Die Zeit drängt, daß wir mit der Botschaft des ewigen Lebens kommen!

Der avantgardistische Bühnenautor Eugène Ionesco eröffnete die Salzburger Festspiele. Zur Überraschung der Teilnehmer sagte er wenig Festliches: »Alles, was wir aufgebaut haben, ist brüchig geworden. Unsere Kultur ist wie ein Kartenhaus. Alles ist fraglich geworden. Jeder hat vor jedem Angst.« Die Zeit drängt, daß wir mit der Botschaft der Freude kommen!

»Die verwaltete Welt kennt keine Liebe mehr«, muß Max Horkheimer, einer der marxistischen Vordenker der Neuen Linken, eingestehen. Und der neomarxistisch-atheistische Philosoph Ernst Bloch räumt ein: »Die Ideologien dringen mit einem Kältestrom in die Geschichte ein.« Die Zeit drängt, daß wir mit der Botschaft der Liebe kommen!

»Der Spiegel« schrieb treffend: »Kaum je zuvor erschien den Jugendlichen ihre Situation so aussichtslos wie zur Zeit. Die Melodie unserer Zeit heult eine englische Popgruppe in die

Mikrophone: ›Keine Zukunft, ganz schön leer, arbeitslos und zu Tode gelangweilt!‹« Die Zeit drängt, daß wir mit der Botschaft der Hoffnung kommen!

Angst vor Krieg greift um sich. Haß und Streit kennzeichnen das Gesicht unserer Welt. Friedlosigkeit in unseren Familien. Neid und Rivalitäten am Arbeitsplatz. Zerbruch bis in die Ehen hinein. Die Zeit drängt, daß wir mit der Botschaft des Friedens kommen!

Diese Welt braucht keine aufmunternden Worte. Sie braucht keine Weltverbesserungspläne, keine Arbeitszeitverkürzung und kein Brot. Sie braucht Jesus Christus. Sie braucht diese Gewißheit: In Jesus gibt es Leben, Freude, Liebe, Hoffnung und Frieden. Es wird alles davon abhängen, ob wir Mitteiler dieser Botschaft werden.

Natürlich wird sich ein Christ sozial engagieren. Natürlich wird er politisch und ethisch seine Stimme zu erheben haben. Aber zunächst gilt es das Beste mitzuteilen: die Botschaft vom Kreuz; die Nachricht, daß Gott diese Welt liebt.

Mitteilen – wie denn?

Wir müssen den Menschen dort abholen, wo er steht. Es ist Unsinn, Traktate zu verteilen und fromme Lieder an Straßenecken zu singen, wenn man seinen Arbeitskollegen, seinen Mitschüler, ja sogar seine eigene Familie ohne Zeugnis läßt. Nehmen Sie jede Gelegenheit wahr, Ihren Herrn zu bezeugen. Gehen Sie hin, wo Jesus ist, und freuen Sie sich an ihm. Und dann gehen Sie hin, wo er nicht ist, und nehmen Sie ihn mit.

In unserer Familie haben wir zu beginnen. Und das ist vielleicht das schwerste. Am Arbeitsplatz muß man merken, was mit uns los ist. Christen sind keine Thermometer, die die Temperatur ihrer Umgebung anzeigen. Sie sind Thermostate, die die Temperatur verändern. Durch uns will Christus in die Welt kommen. Er will die Atmosphäre in unserer Umgebung genauso verändern wie das Herz unseres Nächsten. »Christen sind Menschen, in deren Gegenwart man sich wohl fühlt«, meinte Johannes Busch. Ob man das von uns sagen kann?

Komm und sieh! Das ist die Methode der Bibel, wie sie uns auf den ersten Blättern des Johannesevangeliums beschrieben wird. Einer sagt es dem anderen weiter. Wie eine Lawine finden immer mehr zum Glauben. Ich habe Leute kennengelernt, die ihre ganze Umgebung nach und nach zu Jesus geführt haben.

Das allerdings setzt einen verbindlichen Lebensstil voraus. Ohne Glaubwürdigkeit sind unsere Worte nur Schall und Rauch. Lebensevangelisation ist gefragt. Christliche Familien sollten ihre Häuser öffnen, Gemeinden ihre Türen. Die Geborgenheit einer ansteckend fröhlichen Gemeinschaft ist ein überzeugender Gesprächsbeitrag – ohne viele Worte.

Man muß sich etwas einfallen lassen, um anderen das Evangelium weiterzusagen. Patentrezepte gibt es nicht. Aber wer ernsthaft ins missionarische Gespräch kommen will, dem zeigt Gott eine Methode. Das große Ziel, Menschen zu Jesus zu führen, macht erfindungsreich. »Notfalls würde ich mir noch einen roten Krebs um den Hals hängen«, konnte Paul Deitenbeck einmal scherzhaft sagen.

Auf einer Tagung sagte mir ein Bundeswehrsoldat: »Ich bin in meine Kaserne gegangen und habe am ersten Tag an das schwarze Brett einen Zettel geheftet: ›Christ sucht Gleichgesinnte.‹ Darunter Name und Zimmernummer.« Er hat sich lächerlich gemacht vor den Kameraden. Aber es entstand ein Gebetskreis, der logischerweise schnell zum Missionskreis wurde. Man muß es nur wollen.

Deshalb dürfen wir nicht zulassen, daß in unseren Kreisen eine Schwerpunktverlagerung eintritt. Wo man nur noch über soziale und politische Themen diskutiert, braucht man sich über geistliche Fruchtlosigkeit nicht zu wundern. Unser Bibelwort in Johannes 15 mahnt uns, in Jesus zu bleiben. Denn nur daraus entsteht Frucht. Was könnte aus unserem Land werden, wenn wir uns endlich wieder auf das Wesentliche konzentrierten! Bereits 1963 schrieb Wilhelm Busch, der unvergessene Essener Jugendpfarrer: »Statt den Menschen zu sagen, wie man zum Frieden mit dem lebendigen Gott kommt, wälzt man heute Probleme. Anstatt das Kreuz im Mittelpunkt zu lassen und von Sünde und Buße, Bekehrung, Versöhnung und Vergebung der Sünden zu sprechen, gibt man Lebenshilfe.«

Wer Jesus Christus liebhat und verbindlich mit ihm lebt, der wird von dieser Nachricht nicht schweigen. Er wird diesem Herrn nachfolgen, indem er viele mit auf diesen Weg nimmt.

Hermann Bezzel mahnt: »Im Himmel darfst du einmal nicht allein ankommen. Da mußt du viele mitbringen.« Das ist ein lohnendes Lebensziel. Wie Paul Deitenbeck es mir einmal sagte: »Ich möchte nur eines: daß in der Ewigkeit einer auf mich zukommt und sagt: ›Wie gut, daß du gelebt hast. Du hast mir den Weg zu Jesus gezeigt.‹« Mehr will ich auch nicht! Aber mit weniger sollten Sie sich nicht zufriedengeben!

Mitteilen – womit denn?

Womit denn, wenn die Müdigkeit kommt? Mit welcher Kraft, wenn man mutlos wird? Wenn man will, aber nicht mehr kann? Mit welcher Energie, wenn die Widerstände einen kaputtzumachen drohen?

Paulus sagt uns beides: was und womit wir im Gespräch bleiben können. Er nennt Botschaft und Kraftquelle: »Ich schäme mich des Evangeliums von Christus nicht; denn es ist eine Kraft Gottes, die da selig macht alle, die daran glauben« (Röm 1,16). Mit diesem Sprengstoff treten wir in die Welt. Unser Gespräch ist kein Geplänkel um Meinungen und Richtigkeiten. Unsere Botschaft ist kein Diskussionsstoff. Als Botschafter an Christi Statt bringen wir die Wahrheit.

Gott erfüllt seine Boten mit dieser Kraft. Seine Energie läßt Mutlose wieder aufatmen und Müde wieder munter werden. Christus selber ist der Muntermacher für müde Christen. Er überfordert uns nie. Seine Kraftzulagen reichen aus.

Für Christen gibt es keine Resignation. Auch dann nicht, wenn wir verlacht und verspottet werden. Wir lassen den Gesprächsfaden zu unserem Nächsten nicht abreißen. Denn wir sind nicht problem-, sondern verheißungsorientiert. Und verheißen ist uns nichts Geringeres als Vollmacht. Jesus sagt: »Mir ist gegeben alle Gewalt . . . *Darum* gehet hin und evangelisiert« (Mt 28,18 f). Angebliche Erfolglosigkeit führt nicht zur Frustration. Umsonst ist nämlich kein Gespräch, das Jesus im Mittelpunkt hat. Denn diese Worte werden nicht leer zurückkommen (Jes 55,11).

Unser Herr gibt nicht nur den Auftrag zum missionarischen Gespräch. Er gibt auch die Kraft dazu. Die muß man sich täglich neu holen. Deshalb darf die Verbindung zu Jesus in

Bibellesen und Gebet nie abreißen. Auf uns Christen ruht eine tiefe Verantwortung. Gott will durch uns in diese Welt kommen. Wir sind Brückenkopf der Ewigkeit in dieser Zeit. Nicht weil wir so wertvoll sind, ruft uns Gott. Wir sind so wertvoll, weil Gott uns ruft.

Teilen – womit denn? Nicht mit unserer eigenen Kraft. Da überfordern wir uns und gehen kaputt. Mit Gottes Energie und der Zusage unseres Herrn: Ich bin bei euch jeden Tag. Das gilt gerade für die Augenblicke, wo wir anderen das Evangelium weitersagen. Wenn wir unserem Nächsten zurufen: Komm und sieh! Wir sind Wegweiser zu Jesus Christus. Wir rufen zu Jesus und zur Gemeinde, in der Jesus erfahren werden kann.

Das gilt für jeden Christen, der verbindlich im Glauben leben will: Er muß.

6. In Gemeinschaft bleiben

Kohlen glühen nur im Feuer. Einzeln erkalten sie. Viele Christen sind deshalb längst müde geworden, weil sie Einzelgänger sind. Das missionarische Gespräch bleibt fruchtlos, weil keine Ansteckungskraft mehr da ist. Jesus schickt keine Solisten in die Welt. Erst sammelt er, dann sendet er. Und wen er ruft, den ruft er zuerst in die Gemeinde.

Einverleibt

Wer sich für Jesus Christus entscheidet, der hat sich zugleich auch für seine Gemeinde entschieden. Der Ruf Jesu ist der Herausruf in die Gemeinde. Ich kann mir nach meiner Bekehrung nicht aussuchen, ob ich nun in einer Gemeinschaft von Christen leben will oder nicht. Bin ich Christ, dann gehöre ich auch zur Gemeinde. »Ein Christ für sich allein ist ein Widerspruch in sich selbst« (Adolf Sommerauer). Gemeinde ist keine mögliche Lebensform für Christen, sondern die von Gott gesetzte Norm.

Unser Bibelwort Johannes 15 gebraucht ein Bild, das im Neuen Testament immer wieder variiert wird. Verschiedene Gleichnisse für eine Wahrheit. Ist hier von den Reben die

Rede, die untrennbar miteinander verbunden sind, so spricht Paulus von der Zusammengehörigkeit von Leib und Gliedern (1 Kor 12; Röm 12). Christus ist Weinstock und Haupt. Christen sind untrennbar mit ihm und untereinander verbunden.

Gemeinde Jesu ist nicht machbar. Sie ist gesetzt. Christsein realisiert sich in Gemeinschaft. Zinzendorf sagte: »Ich statuiere kein Christentum ohne Gemeinschaft.« Paulus sagt nicht, wir seien *wie* der Leib Christi, wir *sind* es.

Wer Jesus als Herrn annimmt, fällt damit gleich eine zweite Entscheidung. Er wird einverleibt. Nicht in eine menschliche Organisation mit Kartei und Beitrag, sondern in den Leib Christi. Er wächst als Rebe am Weinstock. Man unterscheidet zwischen der sichtbaren und der unsichtbaren Kirche. Leib Christi ist die Schar begnadigter Sünder, die alle – rund um den Erdball – als unsichtbare Gemeinde miteinander verbunden sind. Aber diese Leiblichkeit verleiblicht sich. Sie nimmt Form und Gestalt an. Wer zum Leib Christi gehört, der wird auch immer zu einer sichtbaren Gemeinde gehören. Denn ohne sie ist der Glaube tot.

Zu diesem Leib muß ich mich bekehren, indem ich mich zu Christus, dem Haupt, bekehre. Die Gemeinde Jesu kennt keine Zwangsmitgliedschaft, so wie politische Großmächte sich ihre Satelliten einverleiben. Hier gilt Gottes Mitbestimmungsmodell, das ja wahrlich keine Erfindung der Gewerkschaften ist. Ich darf mich freiwillig für Christus entscheiden. Damit bestimme ich selbst, ob ich zu seinem Leib gehören will oder nicht. Dieser Leib wird einem nicht angeboren. Zu ihm wird man wiedergeboren. Man kann ja in einer Garage geboren werden und ist damit noch lange kein Auto . . .

Die Einverleibung in Christi Leib geht nicht gegen meinen Willen. Sie geschieht mit der geistlichen Wiedergeburt. Dann bin ich Mitglied der Familie Gottes. Solochristentum gibt es nicht! Für seine Kinder hat Gott keinen Einzelausweis. Es gibt nur einen Familienpaß: Gottes Kinder gehören zusammen, einverleibt in seine Gemeinde.

Und diese Einverleibung ist total. Man kann nicht ein bißchen Rebe am Weinstock sein oder ein bißchen Glied am Leib. Bei Jesus gilt: ganz oder gar nicht. Oder wie es Paul Humburg ausdrückte: »Sei ganz sein oder laß es ganz sein.«

Verbindlich leben heißt: verbunden sein mit Jesus Christus. Und damit ist diese Lebensverbindung gemeint, die die Rebe zum Weinstock hat. Hängt sie nur locker am seidenen Faden, dann gibt es keine Energie mehr. Die Folge ist Sterben. »Leben heißt: hier und jetzt mit Gott leben« (Carl Friedrich von Weizsäcker). Und das heißt immer: mit Christus und seiner Gemeinde verbunden sein. Die Echtheit unserer Beziehung zu Jesus ist ablesbar in unserem Verhältnis zu seiner Gemeinde.

Damit der Glaube wachsen kann

Die Gemeinschaft hat im Leben eines Christen höchsten Stellenwert. Das Glaubensbekenntnis stellt mit Vater, Sohn und Heiligem Geist das Wichtigste voran. Es folgt jedoch der Satz: »Ich glaube an die heilige, christliche Kirche, die Gemeinschaft der Heiligen.« Von seinem Wesen her ist der Glaube auf Gemeinschaft angelegt. Die Gemeinde ist der Boden, auf dem Glaube wächst. Deshalb gibt es ohne Gemeinde auch kein geistliches Wachstum. Allein geht man ein. Der Glaube verkümmert, wenn keine geistliche Gemeinschaft da ist, die ihn trägt und umgibt.

Wir brauchen den Bruder und die Schwester, die uns aufhelfen, wo wir fallen; die uns Mut machen, wo wir verzagen; die uns korrigieren, wo wir in die Irre laufen; die uns festbinden, wenn wir vom Weinstock zu brechen drohen. »Ein Christ braucht den anderen um Jesu Christi willen«, schreibt Dietrich Bonhoeffer. Denn er lebt ganz aus Gottes Wort. Dieses Wort kommt von außen als Heilsbotschaft an ihn heran. Gott hat es in den Mund von Menschen gegeben. »Darum braucht der Christ den Christen, der ihm Gottes Wort sagt . . .; denn aus sich selbst kann er sich nicht helfen. Der Christus im eigenen Herzen ist schwächer als der Christus im Worte des Bruders« (Bonhoeffer).

Darin liegt das tiefe Ziel christlicher Gemeinschaft begründet, daß wir einander Bringer der Heilsbotschaft werden. Wer diesen Auftrag ernst nimmt, der wird die Gemeinde niemals mehr gering achten wollen. Wer das erlösende und helfende Wort aus dem Munde des Bruders gehört hat, der wird die Gemeinde niemals mehr verlassen wollen. Das ist tiefster

Grund, aber auch Verantwortung der Gemeinde. Wo man sie zum Diskutierclub und Mögeverein degradiert hat, ist sie in der Tat überflüssig. Gemeinde ist kein Verein, wo Christus der Vorsitzende ist. Sie ist sein Leib. Sie ist der Ort, wo man leben kann, weil dort Christus ist mit Wort und Sakrament.

Gemeinde gründet nicht auf Sympathie. Sie ist weder Interessengemeinschaft noch Fan-Club für Jesus. »Christliche Bruderschaft ist eine pneumatische und nicht eine psychische Wirklichkeit« (Bonhoeffer). Sie ist nicht machbar, sie ist gestiftet. Sie lebt durch die Kraft des Heiligen Geistes.

Daß Brüder »einträchtig beieinander wohnen« (Ps 133,1), ist das Werk Christi. Er schenkt echte Bruderschaft. Durch ihn haben wir Freude aneinander und Gemeinschaft untereinander. Wer Gemeinschaft erzwingen will, der zerstört sie genauso wie der, der nur Forderungen an sie und nach ihr stellt.

Der Glaube wächst in der Gemeinde. Hier wird das glaubenschaffende und -stärkende Wort gepredigt und Gott angebetet. Hier gibt es brüderlichen Rat und Korrektur. Hier ist mein Zuhause, wo ich durchatmen und ausruhen kann. Aber auch mein Platz, an dem ich als Mitarbeiter stehe.

Bekehrt, um zu dienen

Gemeinde ist Gabe und Aufgabe zugleich. Sie ist nicht der Ort, sich bedienen zu lassen, sondern zu dienen. Den Gliedern des Leibes ordnet Christus Gaben zu und damit auch Aufgaben. Jeder Christ hat seine bestimmte Funktion. Das ist keine gesetzliche Forderung, sondern gnädiges Geschenk. Keiner ist ersetzbar. Er ist als Original unaustauschbar. Damit gibt Gott unserem Leben einen unendlichen Wert. Keiner darf da fehlen, damit der Leib funktionsfähig bleibt.

Deshalb ist der Ruf zur Mitarbeiterschaft kein Gesetz, sondern Evangelium. Ich darf dabeisein! Gott will sein Reich nicht ohne mich bauen. Ich bin ein tragendes Element an seinem Baugerüst. Wenn ich fehle, kommt die ganze Arbeit ins Stocken.

Ich werde also in der konkreten Gemeinde, in die Gott mich gestellt hat, treu sein. Ich bin pünktlich und zuverlässig. Den Platz, der meinen Gaben und dem Willen Gottes entspricht, möchte ich einnehmen. Nicht dann arbeite ich mit, wenn ich Lust habe, sondern dann, wenn Gott es will. Ich akzeptiere die Regeln meiner Gemeinde, denn der Heilige Geist will nicht Chaos, sondern Ordnung. In meinem Zeitplan hat die Gemeinde Priorität. An ihren Veranstaltungen nehme ich gern teil. Auch und gerade am sonntäglichen Gottesdienst.

Das liberale Geschwätz, man müsse in seinen Entscheidungen frei bleiben und dürfe gerade als Christ keinem Gesetz erliegen, beantworten wir gelassen mit den Worten unseres Herrn: »Wer mich liebt, der hält meine Gebote« (Joh 14,15). So ist es für mich keine Frage mehr, ob die Sonntagsheiligung noch in unsere Zeit paßt oder nicht. Wer es einmal erlebt hat, wie echte Gemeinde Sonntag feiert, der wird nie wieder auf den Gedanken kommen, den Tag des Herrn als Last zu empfinden. Wir gehören zur Gemeinde und damit auch zu ihrem Gottesdienst.

Es ist gut, an entsprechenden Kreisen teilzunehmen. Die Bibelstunde dient der Vertiefung in Gottes Wort. Der Chor läßt unsere musikalische Gabe zum Einsatz kommen. Hauskreise lassen kleine Zellen in der Gemeinde entstehen, die auch ein Stück Lebensgemeinschaft werden können.

Die kleinste Zelle der Bruderschaft ist die Zweierschaft. Der Christ wird sich nach einem Partner umschauen, mit dem er auch geheimste Dinge besprechen kann. Unter vier Augen kann man hier das erörtern, was selbst im kleinsten Kreis nicht auszusprechen ist. Es ist gut, jemanden zu haben, zu dem man immer kommen kann.

Die Gemeinde hat ihren Wert in sich, weil Christus sich in ihr verleiblicht. Zugleich aber ist sie das Zeugnis Jesu in der Welt. Sie gleicht einer Stadt auf dem Berge, die nicht verborgen bleiben kann (Mt 5,14). »Gerade das brüderliche Zusammenleben ist dieses Zeugnis. Daß es in dieser Welt der Kälte und der Ichsucht den Raum eines herzlichen, umfassenden Füreinanders gibt, in diesem Meer des Nachtragens, Vergeltens und Hassens, den Raum echten Vergebens, mitten in aller Friedlosigkeit, Sorge und Angst eine Stätte des Friedens, mitten im Jagen und Ringen um Macht und Ehre eine Schar, die willig dient und fröhlich den untersten Weg geht – das redet unüberhörbar zu allen Herzen, in denen die Sehnsucht nach solchem Leben nicht erlöschen kann« (W. de Boor).

Eine solche Gemeinde hat Christus lieb. Ja, die Bibel beschreibt das in herrlichsten Bildern, wie sehr sie die Geliebte Gottes ist. Christus und seine Gemeinde gehören zusammen wie König und Volk, wie Vater und Kinder, wie Hirte und Herde, wie Haupt und Glieder, wie Bräutigam und Braut.

Wenn Christus seine Gemeinde so liebt, sollten wir sie dann verachten?!

Ein Stück Himmel auf Erden

Die christliche Gemeinde wird auf Erden immer ein Fremdkörper sein. »Eine Gemeinde Jesu, die sich der Welt nicht anpaßt, wird schwer durchkommen in der Welt« (Paul le Seur). Wir sind als Christen »ausgesät unter die Völker« (Sach 10,9). Das ist Fluch und Verheißung zugleich. Wir leben als Jünger Jesu mitten unter Ungläubigen. Die heile Welt einer direkten Gemeinschaft mit Gott haben schon die ersten Menschen zerstört. Aber doch ist es Gnade Gottes, uns nicht allein wie Schafe unter die Wölfe zu schicken. Er stellte uns als Herde zusammen. Und der Hirte ist er selber.

Bei allen Anfechtungen und Nöten, die die Gemeinde Jesu jetzt erfährt, leuchtet uns doch schon das Ziel entgegen: die Wiederkunft Jesu. Dann wird der Hirte sichtbar werden. Dann wird er die zerstreute Gemeinde sammeln (Mt 24,31). Dann wird es einen großen und endlosen himmlischen Gottesdienst geben.

Das ist das Ziel. Bis dahin sind wir zerstreut unter die Welt, aber zusammengehalten von Jesus Christus. So ist das Leben in der Gemeinde eine gnädige Vorwegnahme der späteren himmlischen Vollendung. Gemeinde Jesu ist ein Stück Himmel auf Erden. Bei aller Unvollkommenheit wird hier etwas sichtbar von dem, was Gott einmal mit uns vorhat. In der Zwischenzeit – nach Tod und Auferstehung Jesu und vor dem Tag seiner Wiederkunft – dürfen wir in sichtbarer Gemeinschaft mit anderen Christen leben. Unsere Verbindung zu Jesus wird damit handgreiflich.

Die Gemeinde ist der Ort, wo wir bleiben können. Bleiben im Glauben, in Gottes Wort, in Gehorsam, Gebet und Gespräch. Es ist Gnade, daß schon hier etwas von dem gelebt werden kann, was einmal in Ewigkeit vollendet wird. Aus dieser Perspektive erhält die christliche Gemeinschaft einen unschätzbaren Wert. In ihr ist man zu Hause. In ihr ist man geborgen mitten in der Zerrissenheit der Welt. Mit ihr gehen wir dem großen Ziel entgegen, von dessen Zinsen wir schon hier leben dürfen.

So wandern wir nicht allein, sondern in der Schar erlöster Gotteskinder. Wir wandern als Kinder an der Hand des Vaters durch die Zeit in die Ewigkeit. Darin hat die Gemeinschaft ihren tiefen Sinn.

Kommt, Kinder, laßt uns gehen,
der Abend kommt herbei;
es ist gefährlich stehen
in dieser Wüstenei.
Kommt, stärket euren Mut,
zur Ewigkeit wir wandern
von einer Kraft zur andern;
es ist das Ende gut.

Kommt, Kinder, laßt uns gehen,
der Vater gehet mit;
er selbst will bei uns stehen
bei jedem sauren Tritt;
er will uns machen Mut,
mit süßen Sonnenblicken
uns locken und erquicken;
ach ja, wir haben's gut.

(Gerhard Tersteegen).

Hänssler-Bücher:
Zielbewußt im Durcheinander unserer Zeit

Ralph Shallis
Kurswechsel – das Leben beginnt
Best.-Nr. 70312, TELOS-Tb., 176 S.,
DM 7,80

Eine biblisch fundierte Information über den Anfang und Fortgang des christlichen Lebens, die Rolle des Gewissens und des Willens. Zum persönlichen Studium und als Gesprächsgrundlage für Gruppen geeignet.

Michael Green
. . . schon über Jesus nachgedacht?
Best.-Nr. 75020, TELOS-Tb., 64 S.,
DM 2,80

Überzeugende Denkanstöße, die sachliche Informationen vermitteln und zum Glauben einladen. Die lebendige Sprache zeigt, daß das Buch aus dem Dialog mit kritischen jungen Leuten entstanden ist.

Paul Walter Schäfer
Missionarisch denken, leben, reden
Best.-Nr. 71187, TELOS-Pb., 86 S.,
DM 9,80

Wie kann man es wieder lernen, auf andere zuzugehen und missionarisch zu leben? Wie kann man verständlich und gewinnend von Christus sprechen? – Eine Hilfe, der man anmerkt, daß sie aus der Praxis entstanden ist.

Max Cleland
Stark im Zerbruch
Best.-Nr. 71203, TELOS-Pb., 172 S.,
DM 17,80

Die persönliche Geschichte des Autors. Eine explodierende Handgranate reißt ihm drei Gliedmaßen ab. Mit einem unbeugsamen Lebenswillen gelingt ihm der Anschluß an das »normale« Leben wieder – aus der Kraft des Glaubens.

Bitte fragen Sie in Ihrer Buchhandlung nach diesen Büchern!
Oder schreiben Sie an den Hänssler-Verlag, Postfach 1220, D-7303 Neuhausen-Stuttgart.